如何引导，青春期孩子才会听

［韩］高奉益 李正我 ◎著 李贵顺 李桂花 ◎译

廣東省出版集團
广东人民出版社

·广州·

图书在版编目（CIP）数据

如何引导，青春期孩子才会听 /（韩）高奉益，李正我著；李贵顺，李桂花译 .—广州：广东人民出版社，2013.8

ISBN 978-7-218-08663-7

Ⅰ . ①如… Ⅱ . ①高… ②李…③李…④李… Ⅲ . ①青春期－家庭教育 Ⅳ . G78

中国版本图书馆 CIP 数据核字（2013）第 096778 号

Ruhe yindao，qingchunqi haizi caihuiting

如何引导，青春期孩子才会听

[韩] 高奉益　李正我　著　李贵顺　李桂花　译

出 版 人：曾　莹

策　　划：中资海派
执行策划：黄　河　桂　林
责任编辑：肖风华　梁　茵
特约编辑：涂玉香　杨华妮　戴圆圆
版式设计：张　英　邱燕娴
封面设计：张　英

出版发行：广东人民出版社
地　　址：广州市大沙头四马路 10 号（邮政编码：510102）
电　　话：(020) 83798714（总编室）
传　　真：(020) 83780199
网　　址：http：//www. gdpph. com
印　　刷：深圳市希望印务有限公司
书　　号：ISBN 978-7-218-08663-7
开　　本：787mm × 1092mm　1/16
印　　张：14
字　　数：194 千
版　　次：2013 年 8 月第 1 版　　2013 年 8 月第 1 次印刷
定　　价：29.80 元

如发现印装质量问题，影响阅读，请与出版社（020-83795749）联系调换。
售书热线：(020) 83790604　83791487　邮　购：(020) 83781421

测试题

你喜欢用哪种家教方式?

下面这项测查有助于了解你对子女的教养方式。测验共有60道题目，分别描述了父母对待子女的一些态度和行为，每个题目后面有四个等级供你选择，按照程度的高低分别用1、2、3、4表示，请按照你的实际情况做选择，并将得分结果准确填入后面的表格中。（限时15分钟）

1. 你对孩子做的每一件事都要管。

   从不（1）　偶尔（2）　经常（3）　总是（4）

2. 你的孩子能从你与他的对话和表情中看出你很喜欢他。

   从不（1）　偶尔（2）　经常（3）　总是（4）

3. 不管怎样，孩子都能感到你是喜欢他的。

   从不（1）　偶尔（2）　经常（3）　总是（4）

4. 哪怕孩子只有很小的错误或过失，你也会惩罚他（责骂、埋怨、体罚等），至少孩子会这样认为。

   从不（1）　偶尔（2）　经常（3）　总是（4）

5. 你总是想从各个方面影响与感染孩子，使他成为一个最优秀（出类拔萃）的人。

   从不（1）　偶尔（2）　经常（3）　总是（4）

6. 你允许孩子有特殊的爱好、特殊的习惯等不同于其他孩子的地方。

从不（1） 偶尔（2） 经常（3） 总是（4）

7. 你对孩子的惩罚是公平的、恰当的，而且孩子也这样认为。

从不（1） 偶尔（2） 经常（3） 总是（4）

8. 你的孩子觉得你对他很严厉。

从不（1） 偶尔（2） 经常（3） 总是（4）

9. 你总是要管孩子穿什么衣服或打扮成什么样子。

从不（1） 偶尔（2） 经常（3） 总是（4）

10. 对于一些其他孩子可以做的事，你也不让孩子做，因为你害怕孩子会出事。

从不（1） 偶尔（2） 经常（3） 总是（4）

11. 你曾经当着别人的面打孩子或训斥孩子。

从不（1） 偶尔（2） 经常（3） 总是（4）

12. 你总是注意孩子放学后或晚上在干什么。

从不（1） 偶尔（2） 经常（3） 总是（4）

13. 当你的孩子碰到不高兴或不顺心的事时，能感到你在尽量地鼓励他，使他得到安慰。

从不（1） 偶尔（2） 经常（3） 总是（4）

14. 你总是非常担心孩子的身体健康，其实有些担心并没必要，至少孩子这样认为。

从不（1） 偶尔（2） 经常（3） 总是（4）

15. 你对孩子的惩罚总是和孩子的错误或过失不相称，有些过分了，至少孩子这样认为。

从不（1） 偶尔（2） 经常（3） 总是（4）

16. 如果孩子在家里不听话，你就会恼火。

从不（1） 偶尔（2） 经常（3） 总是（4）

17. 如果孩子做错了什么事，你总是显出一种伤心的样子，使孩子觉得对不起你，或者有一种内疚的感觉。

从不（1）　偶尔（2）　经常（3）　总是（4）

18. 孩子觉得你容易接近。

从不（1）　偶尔（2）　经常（3）　总是（4）

19. 你曾在别人面前叙述一些孩子说过的话或做过的事，使孩子感到很不自在、很尴尬。

从不（1）　偶尔（2）　经常（3）　总是（4）

20. 在孩子正常需要方面，你总是很小气、很吝啬。

从不（1）　偶尔（2）　经常（3）　总是（4）

21. 对于孩子的测验和考试分数，你并不是很在乎。

从不（1）　偶尔（2）　经常（3）　总是（4）

22. 如果孩子面临一项困难任务，你能让孩子感到你对他的支持。

从不（1）　偶尔（2）　经常（3）　总是（4）

23. 家里一有事情，孩子往往被你当作“替罪羊”“讨厌鬼”“祸根子”。

从不（1）　偶尔（2）　经常（3）　总是（4）

24. 对于孩子喜欢的朋友和同学，你总是要找出他们的缺点。

从不（1）　偶尔（2）　经常（3）　总是（4）

25. 你总认为你的不愉快是孩子引起的。

从不（1）　偶尔（2）　经常（3）　总是（4）

26. 你总是试图鼓励孩子，要让他成为一个佼佼者。

从不（1）　偶尔（2）　经常（3）　总是（4）

27. 你总是向孩子表示，你是喜欢他、爱他的。

从不（1）　偶尔（2）　经常（3）　总是（4）

28. 你对孩子很信任，并且允许孩子独立完成一些事情。

从不（1）　偶尔（2）　经常（3）　总是（4）

29. 你的孩子觉得你很尊重他的看法和观点。

从不（1）　偶尔（2）　经常（3）　总是（4）

30. 你能让孩子觉得你很乐意和他在一起。

从不（1）　偶尔（2）　经常（3）　总是（4）

31. 你的孩子觉得你对他很小气、很吝啬。

从不（1） 偶尔（2） 经常（3） 总是（4）

32. 你总是经常对孩子说这样一类的话："如果你这样做，我会很不高兴，很伤心的。"

从不（1） 偶尔（2） 经常（3） 总是（4）

33. 你要求孩子回到家里，必须向你说清楚他所做的事情。

从不（1） 偶尔（2） 经常（3） 总是（4）

34. 你尽量使孩子的生活更有意义和丰富多彩（如给孩子买很多书，支持孩子去夏令营或参加其他课外活动）。

从不（1） 偶尔（2） 经常（3） 总是（4）

35. 你经常向孩子说这一类的话："我们整日为你操劳，你就是这样报答我们吗？"

从不（1） 偶尔（2） 经常（3） 总是（4）

36. 你常常以不能娇惯孩子为借口，不满足孩子的要求。

从不（1） 偶尔（2） 经常（3） 总是（4）

37. 如果孩子不按你的要求和期望去做，你就会让孩子感到很不安，良心上觉得对不起你。

从不（1） 偶尔（2） 经常（3） 总是（4）

38. 你对孩子的学习成绩、体育活动等类似的事情都有较高的要求，至少你的孩子这样认为。

从不（1） 偶尔（2） 经常（3） 总是（4）

39. 当孩子感到伤心的时候，可以从你那里得到安慰。

从不（1） 偶尔（2） 经常（3） 总是（4）

40. 你曾经无缘无故地惩罚孩子（责骂、埋怨、体罚等），至少孩子这样认为。

从不（1） 偶尔（2） 经常（3） 总是（4）

41. 你允许孩子做一些他的同学或朋友们在做的事情。

从不（1） 偶尔（2） 经常（3） 总是（4）

42. 你经常对孩子说，你不喜欢他在家里的表现。

从不（1）　偶尔（2）　经常（3）　总是（4）

43. 每当孩子吃饭的时候，你就劝他、甚至强迫他多吃一点。

从不（1）　偶尔（2）　经常（3）　总是（4）

44. 你经常当着别人的面批评孩子，说他不行、懒惰、没用等。

从不（1）　偶尔（2）　经常（3）　总是（4）

45. 对于孩子和什么样的朋友或同学来往，你常常很关心和注意。

从不（1）　偶尔（2）　经常（3）　总是（4）

46. 你的孩子觉得你不能让他顺其自然地发展（如干涉孩子的兴趣、爱好，强迫孩子按你的愿望去做各种事情）。

从不（1）　偶尔（2）　经常（3）　总是（4）

47. 你经常对孩子粗俗无礼（粗暴、俗气、不讲理），至少孩子这样认为。

从不（1）　偶尔（2）　经常（3）　总是（4）

48. 有时，只是为了一点鸡毛蒜皮的小事，你也会严厉地惩罚孩子，至少孩子这样认为。

从不（1）　偶尔（2）　经常（3）　总是（4）

49. 你曾经无缘无故地打孩子，至少孩子这样认为。

从不（1）　偶尔（2）　经常（3）　总是（4）

50. 通常，你会参加孩子的业余爱好活动。

从不（1）　偶尔（2）　经常（3）　总是（4）

51. 在家里，你的孩子经常挨打。

从不（1）　偶尔（2）　经常（3）　总是（4）

52. 你常常允许孩子到他喜欢的地方去，而且也不会过分担心。

从不（1）　偶尔（2）　经常（3）　总是（4）

53. 对孩子什么该做，什么不该做，你都有严格的限制，而且绝不让步。

从不（1）　偶尔（2）　经常（3）　总是（4）

54. 你对待孩子的方式常常令他很不自在、很难堪。

从不（1）　偶尔（2）　经常（3）　总是（4）

55. 你总是担心孩子会出事，而孩子觉得这种担心是夸大的、过分的。

从不（1）　偶尔（2）　经常（3）　总是（4）

56. 你的孩子觉得和你之间存在一种温暖、体贴和亲热的感觉。

从不（1）　偶尔（2）　经常（3）　总是（4）

57. 你能容忍孩子与你有不同的见解和观点。

从不（1）　偶尔（2）　经常（3）　总是（4）

58. 你常常在孩子不知道原因的情况下对他大发脾气，至少此时孩子感到莫名其妙。

从不（1）　偶尔（2）　经常（3）　总是（4）

59. 当孩子成功做好一件事时，你能让孩子觉得你很为他自豪。

从不（1）　偶尔（2）　经常（3）　总是（4）

60. 你经常爱抚孩子（抚肩、拥抱）。

从不（1）　偶尔（2）　经常（3）　总是（4）

家教方式测试结果

因素	题号	评价
I 情感 温暖 理解	2、3、5、6、7、13、18、22、26、27、28、29、30、34、39、41、50、56、57、59、60	75分以上：对孩子非常尊重、鼓励、理解，但有时过分宽容。 65～74分：能尊重、鼓励、理解孩子，让孩子感到温暖和激励。 35～64分：比较能尊重、鼓励、理解孩子，但还有一些欠缺。 25～34分：缺乏对孩子的尊重、鼓励、理解。 24分以下：严重缺乏对孩子的尊重、鼓励、理解。
II 惩罚 态度 严厉	4、11、15、16、40、43、47、48、49、51、54、58	45分以上：极严重地伤害了孩子的自尊，造成孩子人格扭曲。 39～44分：过分惩罚、态度严厉，孩子自尊受损，要警惕其人格扭曲。 21～38分：在对孩子惩罚方面较多、较为严厉，孩子自尊易受或已受伤害，需要改正，尤其要注意保护孩子的自尊。 15～20分：会惩罚孩子，但惩罚还有不当，还要改进，要注意保护孩子的自尊。 14分以下：已注意尽量克制自己、尊重孩子，但偶尔会伤害孩子。
III 拒绝 否认	19、20、23、25、31、32、33、35、36、42、44	41分以上：极端否认孩子，孩子极被动，与你的心理距离极远。 36～40分：过分否认孩子，孩子很被动，与你的心理距离很远。 19～35分：较多否认孩子，导致孩子比较被动，不愿主动与父母沟通，与你的心理距离较远，需要多鼓励和认同他。 14～18分：还不太能接纳孩子，导致孩子不太主动，还需改进。 13分以下：已经做得不错，请进一步激励孩子的主动性。

（续表）

Ⅳ 过分 干涉 过分 保护	1、8、9、10、12、14、17、21、24、32、33、36、37、38、45、46、52、53、55、	71分以上：管得太死，孩子极为依赖，毫无独立自主可言。 62～70分：管得过死，孩子非常依赖，非常缺乏独立自主性。 33～61分：在一定程度上会过分干涉孩子，不够灵活，管得较死，这样孩子较为依赖，独立自主性较为缺乏。 24～32分：管得稍多了些，孩子易产生依赖性，还需改进。 23分以下：已经做得不错，请进一步锻炼孩子的独立自主性。

本测试表由北京长松咨询家庭教育研究中心主任张健提供。

推荐序

张　健

劳动部家庭教育指导师培训专家

北京长松咨询家庭教育研究中心主任

孩子，请让我和你一起成长

第一眼看到《如何引导，青春期孩子才会听》这个书名时，凭感觉我认为这是一本如何和孩子有效沟通的书。但拿起书稿细细研读下来，发现这不仅仅是一本单纯讲和孩子沟通的书，因为作者从青春期孩子的生活、关系、成绩、未来等四个方面给予了全面的探讨。作为一名长期从事家庭教育研究与讲学的教育工作者，我认为这是一本难得的、与所有中国父母一起探究青春期孩子成长的书。所以，我就给我接下来要谈的话题想了一个题目《孩子，请让我和你一起成长》。

谈到青春期，中国的多数父母会闻之色变。因为青春期对很多父母来说，意味着对抗、反叛、恋爱、上网、逃学、离家出走甚至暴力事件。发生的各种事情让家长防不胜防，伤透脑筋，无招可对。连专业的心理学书籍也把这个时期描述为“心理断奶期”“第二反抗期”“心理狂飙期”等。一句话，就是青春期孩子公开和父母对着干，不听话啦。这种状况，父母每每提起都很是苦恼。在这种现实下，《如何引导，青春期孩子才会听》应运而生了。

本书的作者告诉我们，青春期孩子并非故意反抗，他们只是反抗某些具有破坏性的、压迫式的教养方式，而这些方式几乎被全世界的父母所采用。但对孩子们而言，哪里有压迫，哪里就有反抗。所以，在本书中，作者教我们父母用一种全新的方法与思维方式来看待孩子。他告诉我们，**我们需要改变的不是孩子的具体行为，我们需要关注的不是孩子的习惯，而是通过改变孩子对一个具体不良行为和习惯的思维认知，让他自动调整自己的行为，从而达到一个不教而自教的教育境界。**一句话：改变思维认知，行为自动自发。

在孩子成长的过程中，很多中国父母把自己看作一名老司机，而孩子自然是车了，于是就像驾驶汽车一样来驾驭孩子，想加速时就猛踩油门，想停车时就踩刹车。结果，别说是人，就是车也会出故障。这样一来，孩子自然要跟我们闹革命，于是衍生出很多问题。而在《如何引导，青春期孩子才会听》一书中，我能感受到作者给我们传递了另一个信息，他把父母看作一名老司机，而孩子是新司机或者是小司机。孩子的成长，就犹如老司机在教小司机开车，所以在书中我们仿佛听到老司机的一个声音：你大胆去开、放手去尝试吧，旁边有我呢！结果你会发现，孩子很快就学会了开车。

为什么会这样呢？我们不妨分析一下孩子的心理：无论是好孩子还是所谓的“坏孩子”，他们内心深处都认为自己是好孩子，没想过要和父母闹独立、闹革命。但为什么在现实中，孩子的行为却让我们如此头痛呢？这是因为在青春期，孩子自我意识发生了最大化的觉醒，而父母没有及时给予认同与引导，导致问题层出不穷。而《如何引导，青春期孩子才会听》却传导这样一种信念：**对孩子要放手，但不要放任，更不要放纵，**这恰恰是家庭教育中的一个核心法则：信任、平等、尊重与爱。这是最高贵的教育法则，值得我们中国父母思考。

作为一名家庭教育工作者，我和《如何引导，青春期孩子才会听》的作者一样坚信：现实中，青春期孩子并没有这么多的问题，而所有问题的存在，都来自于在孩子成长的过程中，父母还停留在昨天，一觉醒来，突然发现孩子变了，于是想让孩子回到昨天。可是昨天已经不可复返，于是问题出现。所以，在这里，我也想借助本书作者在书中隐含的一个信息：“孩子，请让我和你一起成长”和读者共勉。

最后，我想给父母们说：“请放慢我们的脚步，让身体跟上灵魂”。要永远明白，教育孩子，不是我们一群大人聚在一起商量要如何对付孩子，我们真正要做的，是在孩子成长的过程中，让我们自己也能回归成孩子。这是我们人生的二次成长，我想这也是本书作者之所想。你开始了吗？我期待你能够和孩子一起出发。

张健，北京长松咨询家庭教育研究中心主任，劳动部家庭教育指导师培训专家，国家二级心理咨询师鉴定专家，中国家庭系统的创建者。有12年的家庭教育训练经验，协助过逾万个家庭成长。在家庭动力激发、家庭关系整合以及家庭发展规等方面形成了系统的观念，系统地研究过家族教育。在全国各地培训过5 000多名中小学校长，其教育理念被电视台、报纸多次报道，被媒体誉为“家庭气质教育第一人”。

目录
CONTENTS

第二篇　改善和维持亲子间的关系

第三篇　帮助孩子学会自主学习并提高成绩

第四篇 协助孩子找到“可实现的理想”

前言

孩子青春期，父母是做贴身保姆还是贴心顾问？

如果你家里有个正值青春期的孩子，恐怕这个家会变得一天都没有消停的时候。从孩子的交友问题，到学习习惯、成绩、穿戴……没有一个不是矛盾的焦点。就连平时的对话，也充满了火药味。父母们普遍反映，孩子小学时很乖巧，怎么到了中学，就没有一件让人省心的事？那么接下来，不妨让我们探究青春期孩子的特点。

进入青春期，孩子开始为走向独立而作准备。无论是身体发育状态还是精神状态，都处于走向成人的过渡阶段。有些人甚至夸张地把这比喻成“为了反抗侵略而奋起抗争的独立战争”。这个比喻未必贴切，但至少说明了青春期孩子内心的困惑有多深，躁动有多剧烈。

当孩子经历身心困扰时，作为最爱他们的父母，我们可以做些什么呢？首先要面对现实，接受孩子已长大且要走向独立的事实，并全力以赴地做好他们的坚实后盾。唯有这样，才能让孩子内心的困惑和烦恼降到最小。问题是这些道理父母不是不明白，只是实际做起来并不容易。因为这个时期的孩子，在父母眼里，显然是“糟糕透顶”。问题是“能力不咋地，却又不肯听大人话，经常是我行我素”。那么，作为父母，感到头疼上火，也就可以理解了。

此时，父母经常使用的方法有“强制型”和“开放型”。强制型父母，在孩子真正独立之前，会包办一切，掌控主导权。也就是说，这种父母相当于“保育员”角色。而这种方式见效的前提是，孩子必须对父母的安排百依百顺。问题是青春期孩子不再像小学时那样愿意乖乖配合，因为他们已经过了一切听从父母的年龄。随着有了自己的主见，加上青春期身体的变化，所谓的“叛逆”便自然而生。那么，与父母产生诸多矛盾也就成了不可避免的事情。

开放型父母，将主导权交给孩子。开放型并不等于放任型，让孩子为所欲为。他们懂得孩子早晚要脱离父母的怀抱走向独立，所以注重培养其独立意识，以便将来为自己的人生负责。这个时期的孩子，由于心智尚未成熟，失误和失败也较多。正是通过这种失败的过程，孩子才会从中获得领悟，培养出克服和解决问题的能力。父母也可以积极参与进来，和孩子共同商讨解决方案。无论何时，都对孩子充满信心，相信他能健康出色地成长。这时，父母就成了“顾问”角色。

通过这本书，我想告诉大家的是，要做个理性的顾问，而不是“保育员”式的父母。当孩子犯错时，不要喋喋不休或唠唠叨叨，而是理性地引导。凡事不要试图强迫孩子去做，而是赋予他们动力，让他们在各方面都能变得积极主动。而想要达到这个效果，父母自身就要先改变自己。

我们都知道“以身作则，从我做起”的道理，但做起来并不容易。比如，当孩子不肯学习一味贪玩时，面对孩子的“无赖行为”，父母没法沉住气不唠叨。有的父母可能还会反驳我说：“孩子自己根本不肯学好，父母改不改有什么用？”但正因如此，才要求父母先改变自己的态度。过去看到的，仅仅是孩子不肯学习的现象，但是从现在开始，请试着去了解孩子内心的感受和想法。

不管面对什么问题，首先都要认可一个事实：孩子目前正处于向成人转变的过程中。正因为父母忽略了这一点，只顾盯着学习不放，才会唠叨个不停。

说得直白一些，父母之所以不肯转换自己的角色，是因为不肯丢掉过去的老习惯、旧方法。但如果父母一味墨守成规下去，只会让亲子关系越来越疏远。

当今社会，变化快速无比。无论是教育环境、家庭环境，还是生活环境，所有的一切，还未等人们熟悉和适应，就已瞬间变化。孩子处在这种快速变化的环境中，所要面对的，远比我们过去要面对的更为复杂。所以，想要引导好孩子，父母首先要去了解这些客观变化及其成因。

在这本书里，我特意从青春期孩子的生活、关系、成绩、未来等 4 个方面，分析这个时期孩子的变化特点。针对这 4 大主题，我首先详细介绍了 17 个贴近生活、让众多父母感到头疼的典型案例；接下来，我还针对每个案例进行了详细的分析和讲解；最后，我为大家提供了可借鉴的解决方案，以帮助父母更好地做个贴心“顾问”。

第一篇

在日常生活中正确引导孩子的行为

父母邀他一起出门他总是推三阻四，可朋友一个电话，就跑得无影无踪。周末成天腻在一起，真不知道他们到底在做什么？

几乎每晚做作业时，手机就会响起，他马上关上房门，电话粥一煲就是大半天，他是不是早恋了？

快要迟到了，她还在照镜子；偶尔一句“你肚腩该减减了”就让她老大不高兴，她为什么这么敏感呢？

第1章

宁愿听朋友的建议，也不听父母的话

妈妈口述烦心事

“就他那些朋友重要，根本不把我和他爸放在眼里”

“妈妈，我明天去滑雪。”

听到孩子的话，我心里顿时堵得慌。早就说好了明天开始上课外辅导班，可现在孩子的脸上没有一丝抱歉或犹豫，一派灿烂无邪。我一时怀疑孩子是不是忘了明天的课，所以再次提醒。

“你忘了？明天开始上课外辅导班？”

“我知道，5点之前能回来。”

“什么？知道有课你还去？为什么一定要明天去？”

“他们只有明天才有时间嘛。”

听孩子若无其事地讲着这些，我的血压“腾”地一下升高，嗓门不知不觉也提高了8度。儿子从来不想着自己有没有重要计划，朋友说什么都说好，天天跟在人家后面跑，真是太不像话了。

“你的意思是同学说什么你就做什么，不必考虑妈妈吗？和妈妈说好的事情，可以随时爽约，对吗？”

“谁爽约了，我不是说好5点之前就回来吗？课外辅导6点才开始呢。”

这家伙到底有没有脑子？没有一丝反省的迹象，反而开始不耐烦了。

“真不像话，滑雪滑到5点，然后再去上课？你以为老老实实坐在老师面前，就是学习吗？”

“谁说的？我会学习，会学习的！妈妈怎么知道我不努力学习？”

“那不明摆着吗？别讲那些没用的，赶紧打电话取消滑雪。快点儿！”

“已经约好了的。”

“上课时间可是早就定好了，不仅咱俩，还有老师和胜浩呢，明天你肯定不能去。”

“胜浩也一起去滑雪。”

我一时无语，赶紧给胜浩妈妈打电话询问了一下。哎哟，胜浩妈妈还不知道这事儿呢。我们两个妈妈说好绝对不同意让孩子去滑雪，就挂断了电话。看到孩子一直在一旁听着，我就再次警告孩子绝对不可以。孩子说知道了，就头也不回地进房间里去了。

我又气又急一宿没睡好觉，直到后半夜才勉强入睡。没想到，第二天早晨醒来一看，孩子早已跑没影了。也许是担心我会阻止他，所以才早早起床跑掉了。我打电话他也不接，只好发送“速回”的短信，在家等待。

一整天没有一个电话，直到5点孩子才回家。我虽然非常生气，但想到发火也解决不了什么问题，就耐着性子说：“妈妈不同意你去，为什么还要坚持去？妈妈说的话，你就那么不当一回事吗？”结果，你知道孩子怎么说的吗？

“如果我不去，同学就会说我爽约，还会说我是父母的乖小孩，是朋友的背叛者。妈妈希望他们那么说我吗？不听妈妈的话，我也觉得抱歉，但那不是无视妈妈，我已经尽力去遵守和妈妈的约定了。是妈妈根本不听我的话。还有，实话说吧，您，我不遵守和您的约定，您会原谅我，但不遵守和朋友的约定，那我就完蛋了。妈妈知道什么是男人间的义气吗？”

都说进入青春期后，父母会被孩子来个当头一棒，没想到我被击得这么准。孩子上小学时也一样，只要是朋友的话，万事皆OK。但如果我坚持反对，他还是会听的。现在呢？不但我行我素，还一味狡辩。

老师，我真的有些担心，孩子是不是太重视朋友了？完全受他人摆布。说实话，孩子的那些朋友也不太合我心意。虽然不是不良少年，但学习一点儿也不认真，还喜欢玩游戏……我可以放任孩子和他们继续来往吗？

崔淑英　家庭主妇　一位初中二年级男孩的妈妈

读懂孩子心

青春期，孩子欲摆脱父母的保护

有句俗话叫“离开父母膝下”。孩子终将离开父母的照顾，踏上自己的人生之路，父母心里明知会有这样的结局，但当孩子真正要离开自己时，心里还是不免伤感与失落。看着孩子过得有滋有味，再不用自己照顾了，父母既觉得欣慰，又有种莫名的被孩子“背叛”般的惆怅感。真是矛盾的心理，不过这也是人之常情吧。

孩子离开父母膝下的起点就是青春期。虽然尚未具备独立生活的能力，生活依然要靠父母，但思维与心理已开始独立。因此，这个时期孩子的种种行为都会让父母倍感失落。

首先，最突出的现象就是不喜欢与父母共处。直到小学毕业，孩子还会央求父母周末带自己出去玩。如果父母说要带他出去旅行，会开心得不得了。但一升入初中，孩子马上就变成了另一个人。父母说要带他出去，孩子会想尽办法拒绝。如果说请他出去吃大餐，他会要求直接换成现金。

不仅如此，他放学一回到家，就躲到自己房间里不知在做些什么。父母无论说点什么，他们都会觉得不耐烦，嫌父母唠叨。

这些已经让父母生气、难过了，更可气的是在一旁煽风点火的正是他的朋友。孩子平时理都不爱理父母，但和朋友通电话一个小时都不会挂掉，只要朋友招呼，饭都不吃就冲出去。朋友提议做些什么，他会推托一切，积极响应，父母说点什么，却想尽办法推托。

作为父母，当然会倍感失落，但如果了解孩子青春期时的某些特征，你就能理解孩子的所作所为了。

比起爸妈，这个时期孩子更依赖朋友

小时候，孩子会认为父母是世上最强大、最完美的人。随着成长，孩子会渐渐明白父母其实也和自己一样有很多缺点，渐渐地，他们会拒绝从前命令－服从式的垂直关系。

小时候，只要是父母的要求与命令，孩子都会认为应该无条件遵从。但随着对父母言行分析能力的形成，渐渐会产生自己的观点与主张。曾经认为的“好”变成了“为什么”，不再老老实实地听从父母的话了。

不过，父母对孩子的态度和上小学时一样，并没有发生什么变化。他们总认为自己是正确的，孩子是错误的，一边强调“这是为了你”，一边作出各种指示。面对父母依然将自己当作小孩子的态度，孩子会渐渐产生反抗心理：先不去评论父母的话对不对，孩子不喜欢的是父母对待自己的态度。

与父母的摩擦越大，孩子越会珍惜与朋友的关系，越发依赖朋友。父母原本希望孩子适度地维持交友关系，结果却截然相反；父母以为帮孩子指出错误，孩子会反省并努力改正，结果事与愿违。孩子为了躲避父母的唠叨，就会去找朋友。难道孩子的这种做法有问题吗？

没有。其实，大人有什么苦恼或不开心的事情，不也一样去找朋友诉苦吗？**青春期的孩子，需要有人能与自己产生共鸣，希望建立 一种尊重－倾听式的水平关系。**

专家为你解忧

解决方案 1：绝对别说“不要和那种孩子玩”

父母即使理解了“朋友无比珍贵”的青春期特征，还是要担心“我的孩子如果交上坏朋友怎么办”。所以，总是要去干涉孩子的生活，偶尔还要用监视的眼神去观察孩子。

请记住，在孩子的交友方面有句话是千万不能讲的，那就是“不要和那种孩子玩”。听到这句话的瞬间，孩子就会觉得对不起那个朋友，会为朋友辩护。同时，产生对父母的愤怒感与叛逆感。

父母所说的“那种孩子”通常都是学习成绩差、生活态度不端正的孩子。再准确一点儿讲，就是学习成绩差的孩子。大部分父母都希望自己的孩子与学习成绩好、自我约束力强的模范生交朋友，认为与学习不好的孩子交朋友，会只顾着玩影响学习。如果自己的孩子学习不好，更希望与学习好的孩子交朋友，期望得到正面影响。

那么这一切，孩子是如何看待的呢？首先对父母用成绩去评价一个人的态度感到失望，认为只知道重视自己孩子的父母无比自私。为什么不要和那个朋友玩？在父母还没有说出理由时，孩子就会先封闭自己。即使父母的理由再正当，也不愿意和他们进一步交流了。

当然，孩子之所以这么想，平时对父母的反感也起到了一定作用。孩子不相信父母，认为父母并没有查清事实真相，进行客观、冷静的评价，而是随自己的心情作出判断。这时，父母不让孩子和“那种孩子”玩的劝诫，只会增加孩子对父母的不信任与反感，反而增进了与朋友间的友谊。

总之，像“不要和那种孩子玩”这样的话只会得到反效果，是最糟糕的一句话。这句话也许对小学生还行得通，但对青春期的孩子，已经不会起任何作用了。

解决方案 2：重点关注孩子与他的朋友在一起“做什么”

很多父母都担心孩子与朋友在一起时学坏。比如，孩子会不会抽烟、喝酒或撒谎呢？会不会成群结队地去欺负哪个同学呢？

父母应如何对待孩子的朋友关系呢？最好的方法就是与孩子一起制订交友原则，而这个原则的重点不应该是“和谁玩”，而应该是“哪些事情不可以做”即与孩子一起规定不可做的行为。这时，父母区分好坏的基准一定要明确。要告诉孩子哪些是坏行为，为什么这样界定。对于绝对不可做的行为，父母要立场坚定地指明，让孩子理解。对此以外的行为准则，可以与孩子一起商量决定。

比如规定回家时间，要求孩子至少在约定时间前到家；发生什么事情时，一定要通知爸爸妈妈。像这些日常生活原则与其由父母单方决定，不如与孩子一起商定。其中，成为矛盾激化点的就是回家时间。通常，父母希望的时间与孩子心中的时间是不同的。这时不要单方规定“7 点之前回家”，而要倾听孩子的想法与意见，商量决定。要知道，强迫性的原则只会让孩子感觉是一种唠叨，而不是需要遵守的约定。

制订规则时，请不要将内容过于细化。明确必须遵守的原则或绝对不可做的事情等一两条内容就可以了。不过要充分表明父母的立场，听取孩子的意见，选择折中方案为宜。

解决方案 3：主动了解孩子的朋友

父母越了解孩子的朋友群或社会生活，与孩子的关系越融洽。孩子进入青春期后，与父母的交流会越来越少。这是因为孩子认为父母唠叨，没有共同语言。这时，如果父母认识孩子的某个朋友，就可以从那个朋友切入，自然地展开话题。这样就可以与孩子拥有共同的关注点，更好地理解他的生活。

当然，不能因为想了解孩子的朋友而详细盘问，这会让孩子感觉父母在刨根问底。那一瞬间，孩子渐渐敞开的心马上就会关闭，不再回答父母的提问。

如果想与孩子交流，就要努力倾听孩子的声音。**即使遇到了让你马上就想纠正的错误，也要耐着性子听孩子讲完，为孩子创造畅所欲言的环境非常重要。**其实孩子也有很多苦恼，朋友带来的苦恼更是无处诉说。这时如果父母能够默默听孩子倾诉，理解他的感受，并提出一些有效的建议，孩子会把父母当作自己坚实的后盾。

父母了解孩子的朋友关系，还有一个好处就是能借此推测他在外的生活。如果朋友只是沉迷于电子游戏，那么孩子与这个朋友见面很可能是去网吧；如果去找的是喜欢运动的朋友，那也许两人是一起去踢球或做其他运动。

当父母了解孩子在外的生活时，各种担忧的问题就可以提前预防了。比如，发觉孩子的朋友抽烟，就要提前警告孩子烟是绝对不能沾边的。孩子听从父母的劝告当然很好，即使不听，孩子在学习抽烟前也会先努力控制自己，经历一段矛盾过程。而是否经历过这种矛盾过程意义重大，比如那些少年犯大多是在不知自己犯罪的情况下犯罪的。因为从来没有人告诉过他们，那么做绝对不可以。

解决方案 4：为孩子创造与朋友相处的良好环境

如果想了解孩子的朋友，选择何种方法合适呢？最现实、最容易、最可行的方法就是开放家庭，经常邀请孩子的朋友们来家里玩。

要知道，孩子虽然经常在外面一起玩，但由于手里没钱，也没合适的地方可去。偶尔谁的父母出差不在家，孩子就会蜂拥到那里玩耍。但如果父母在家，就有些犹豫不决了。当孩子要出去见朋友时，让孩子邀请朋友们来家里玩吧。如果没有特别想去的地方，大部分情况下，孩子会很高兴地接受邀请。如果想让孩子的朋友们经常来家里玩，就要营造一种无拘无束的轻松环境。要让孩子相信父母虽然在家，但不会干涉或监视他们。事实上，也没必要去监视孩子，因为他们自己也会小心行事。父母要像爱自己的孩子一样去爱孩子的朋友们，要抱着希望他们成为孩子一生挚友的心态，宽容地对待他们。如果父母采取这样的态度，孩子内心会非常感激，并为此感到自豪。

孩子在外面和朋友们一起玩耍时，帮助他们度过有意义的时光也是一个很好的方法。孩子虽然有时间，但没有合适的地方可去。因此，男孩子通常去网吧玩游戏，或在街头一起游逛；而女孩子则会去吃东西，海阔天空闲聊、逛商店，消磨时间。也许他们不懂得如何有意义地度过美好时光，但更有可能是因为囊中羞涩。

也许父母认为看优秀影片、观看展览、打棒球都是不错的选择，但要知道去那些地方都是需要花钱的，而且孩子的朋友也要具备一定的条件才行。这时，如果父母连孩子朋友的费用也负责，结果会如何呢？如果有什么电影想让孩子去看，可以将朋友的票也一起购买。如果父母只是建议去看美术展览，恐怕没有几个孩子愿意去。但父母连朋友的入场券都准备好时，孩子会非常感激父母，并开心地与朋友去看展览。其实，孩子并不喜欢总是光顾网吧或在街头闲逛，他们更喜欢那些新鲜而特别的活动。

有的父母会问，一定要将孩子朋友的票也一起买吗？因为入场券和午餐费用加在一起也不是一笔小数目。但为孩子创造体验生活的机会，哪怕仅仅在考试结束后或假期里，还是有必要的。上小学时，通常都是父母带着去体验各种新生活，现在也该放手让孩子按自己的标准体验生活了。不是拉着父母的手，而是与朋友一起同行，这足以让孩子兴奋不已，将会为孩子留下美好回忆。

第2章

孩子完全被明星迷住了

妈妈口述烦心事

“儿子被美少女组合迷得晕头转向，竟学会撒谎了”

最近我忙着跟踪儿子，真的好辛苦。上初中二年级的儿子迷上了少女组合，几乎无法自拔。今天，他对我说要去朋友家通宵学习，我知道实际上他是去看演出了。我上网查了一下演出表，果然没错，那个少女组合今天在全州有演出。我很想阻止他去，但又怕他反而因此会离家出走，所以只好睁一只眼闭一只眼。自己安慰自己，不管怎样我还知道孩子的去向，这就足够了。

几个月前，我了解到儿子喜欢某少女组合。当时我认为那只是青春期的必然经历，像麻疹一样。要知道当年我也曾迷上某著名演员，看了他主演的所有电影，还买过写真集。以前，在儿子身上从未发生过这样的事情，他好像对异性也不怎么感兴趣，所以我想也许过两天一切将恢复平静。我儿子老实善良，但比较固执，小时候只要喜欢上什么东西，会一直玩到厌倦为止。如果有人阻止，他反而会更加疯狂，所以不如装作不知。我以为就这样放任他不管，过段时间他就会放弃。

这次我也决定耐心等待儿子自己放弃。不过，事情似乎越来越糟糕了。他经常不去补习班，凌晨回家或在朋友家住的情况也越来越多了。你说他这个样子，能不影响学习吗？期中考试成绩一落千丈，期末又来一次大跳水。开始，我也耐着性子劝过他几次，他好像也知道自己错了，答应我不再那样，可情况丝毫没有好转的迹象。我实在忍无可忍，严厉批评了他，并不再给他零用钱。结果，他竟然离家出走，幸好没过几天他就回来了。通过这件事，我终于明白批评孩子解决不了任何问题。

后来，我在网上注册了父母论坛，寻求帮助。在那里，其他人都说只要孩子没有惹出大问题，应该适当放宽政策。据说那些狂热追星的孩子因父母处理不当而离家出走或误入歧途的不在少数。在孩子最敏感的时期，如果父母一味地阻止，只会让他更加反抗，更加叛逆。

我只好耐心等待儿子早日回到原点。但我心里真的好迷茫，不知何时才是尽头。虽然气得很想暴打儿子一顿，却还是连话都不敢随便讲，只是偷偷跟踪他。难道我现在能做的只有耐心等待吗？我担心儿子学坏，但又不敢管得太严厉。而这样袖手旁观，让我心里憋得都快喘不过气来了。我到底应该怎么做呢？请告诉我明智的办法吧。

申贞淑　服装设计师　一位初中二年级男孩的妈妈

读懂孩子心

为什么十几岁的孩子会被明星迷住？

各位父母不妨回想一下自己十几岁时的情况，那时周围肯定也有不少朋友迷上明星：追看偶像所演的电视剧、收集照片、购买唱片、天天夜里听收音机、给偶像写信、偶尔还要去演唱会捧场。不过，当时即使很喜欢某位明星，表达方法并不太多，而且值得去追的明星也不是很多。但现在，情况就大不相同了。

孩子只要回到家，就会坐到电脑前登陆粉丝论坛打听明星的近况，并在贴吧发帖。房间墙壁上贴满明星照片，明星出演的电视节目连重播都不放过，学习时也要听他们唱歌。父母给的零用钱全部花在为明星买礼物、购买 CD 或粉丝论坛出售的物品上。而且只要有空，孩子就拿起电话和朋友聊明星聊得没完没了。

仅仅这些情况就足以让父母血压升高了。而事实上，这些行为再正常不过，现在追星的孩子大部分都是这个样子。尤其是那些铁杆粉丝，无论是演播现场，还是演唱会、签名会、粉丝见面会都要出席，不会错过任何一次与明星见面的机会。为了求得演播现场入场券，他们会连夜排队，很多孩子只为见明星一面，甚至守在明星住处门口几天几夜不离开。

到底是什么原因，让孩子不顾父母冷冷的视线与强势的阻拦，如此痴迷于明星呢？

青春期是孩子企图得到心理上的独立，追求探索新榜样的时期。他们在模仿他人的价值观、生活方式、外表等的过程中，寻找真正的自己。在这一过程中，有时甚至会超越单纯的喜欢或模仿的心理，出现一时的偶像化现象。偶像化带有“崇拜”和“模仿”等特征，所谓“崇拜”，是对偶像化对象的热爱与尊敬，而“模仿”则是希望自己也能够像他。

这时，如果周围有关系融洽、值得效仿的前辈或大人，那再幸运不过了。非常遗憾的是现实生活中这样的人太少，以致孩子四处寻找值得效仿的人，而这时最醒目的、最吸引他眼光的就是明星了。

在青春期孩子的眼里，明星是拥有出众外貌、人们的狂热、欢呼、财富与荣誉的完美之人。对他们的羡慕逐渐会转变为模仿心理，继而会将他们定为自己的榜样。

把明星当作榜样，这本身并没有问题。他们为了实现自己的梦想努力练习、克服困难的经历，确实值得孩子学习。问题在于，孩子不是学习他们积极努力的奋斗精神，而是将他们偶像化。相比明星们的内在美与奋斗精神，孩子更向往明星华丽的外表并刻意模仿。而更大的问题是，周边有太多因素在鼓励孩子偶像化。电视、网络、智能手机、收音机等大众媒体与电子设备的发达，让孩子凭意愿就可以 24 小时知晓明星的最新动态。这些媒介反复展现明星们华丽的外表，并不断刺激孩子去关注这一点。

粉丝论坛成了孩子的心灵港湾

娱乐公司造就明星时，除了传统媒体的大力宣传，还会借助网络的力量，把经过一番精心策划的明星照片大量“释放”到网络上。为了吸引粉丝，他们会经常组织各种纪念活动与营销活动，其中最成功的营销路径就是粉丝论坛。这些论坛最初由粉丝自发主持，后来就渐变为娱乐公司的战略性经营行为。

当青春期的孩子喜欢某个明星时，通常都会注册该明星的粉丝论坛，参加各种追星活动。由于喜欢同一个明星，粉丝之间也就更容易产生共鸣。另外，这群孩子年龄相仿，有着这个年龄共同的想法和苦恼，因此每当在学业、交友、家庭方面遇到烦恼时，就会跑到粉丝论坛诉苦，考试成绩不理想时，更愿意把论坛当成倾诉的港湾。有着相似经历的其他粉丝会员，会耐心倾听他们的诉说，并给予真诚的安慰和鼓励。在这些过程中，粉丝论坛逐渐成为孩子心目中的避风港。

从这一点来看，孩子喜欢明星或参加粉丝论坛活动并不是一件坏事。这些活动可以让孩子在繁重的学习与竞争压力中得到一定的内心慰藉。

其实，父母年轻时也同样有过偶像，所以不妨站在孩子的立场上思考一下。其实，在应试教育环境下，孩子真正能享受欢笑和自由的机会并不多。学习是学生的第一任务，但这并不意味着他们必须丢掉其他爱好。超负荷的学业与成绩带来的压力，让越来越多的孩子做出极端的事情。虽还不至于到自杀的地步，但自残的现象却频频出现，人们经常可以在电视或报纸上看到某个学生自虐的报道。

当然，我并不是鼓动孩子丢掉学业去追星。想要让孩子学习、追星两不误，往往需要很大的自制力。因此，父母一味反对孩子参加粉丝聚会并不是明智之举，也不能把孩子追星看做“神魂颠倒”或“不务正业”。相比一味的反对，可以试试看能否将这种追星行为从“消极影响”行为变为“赋予积极动力”的行为。而想要达到这种效果，首先父母就要摘掉有色眼镜，正确看待孩子追星现象。

专家为你解忧

解决方案 1：了解孩子的心理状态

当品学兼优的孩子突然成为追星一族时，父母往往坐立不安，生怕孩子会因此堕落。这是一种片面的想法。如果过去乖巧听话的孩子，突然因为追星而荒废了学业，并不是因为明星的吸引力突然加大，而很可能是孩子在学习或生活上出现了问题。

这种问题过去就一直存在，只不过这时恰巧显现而已。具体地说，就是孩子此刻可能正经历着内心的挣扎，为成绩、前途、亲子关系、师生关系、同学关系而烦恼。当这些烦恼无法得到解决时，孩子很容易迷恋偶像，而一旦陷进去就不能自拔，加入盲目的追星行列中。这会让亲子关系恶化，让孩子自我认同感降低。通常，有强烈自卑感的孩子为了逃避现实而执著于追星的例子更多。

父母反对孩子追星的理由我可以理解，他们最大的担忧，就是怕孩子因此而耽误学业。在父母看来，孩子一心扑在追星上，就肯定无法专心学习。其实，这都是父母的偏见。

通过分析不难看出，这些活跃于粉丝论坛的学生，其成绩并没有特定的分布特征。这些论坛的会员，并不全是差生，也有成绩平平甚至成绩优良的学生。

通常，粉丝们为了赢得前往演播现场观看偶像演出的机会，彼此之间也会相互鼓劲，约定平时多用功学习。不仅如此，不少明星论坛还会不定期地组织为成绩提高幅度大的会员赠送入场券的活动，以此来鼓励会员理性追星。这说明孩子也在努力解决学习与追星之间的矛盾，使二者相互促进。这些追星族和别的孩子有着同样的烦恼，对他们来说，最大的苦恼依然是学习。一旦成绩下降时，他们也会感到伤心难过，而当意识到可能是自己在粉丝论坛投入了过多的精力导致成绩下滑时，就会感到自责。

如果父母不顾孩子的这些想法，一味把他们看做不懂事、没想法的孩子，很可能伤孩子的心。孩子本已因为追星导致成绩下降而自责，如果父母只知道一味地责备孩子，原有的自责瞬间会变成对父母的愤怒。这种憎恨并不是因为父母不支持他们追星，而是因为父母否定了他们自身想要改过的积极性。

因此，**在一味地指责孩子的追星行为之前，父母要先观察孩子的心理状态。**一旦发现他在某件事上遇到了困难，或正在因人际关系而经历痛苦时，就要及时给予支持和安慰，并尽快找出解决方法，帮他释压。

解决方案 2：不妨适当“爱屋及乌”

当孩子热衷于某件事情时，父母从中阻拦，很可能弄巧成拙，包括他们的追星行为。作为经历过青涩时期的过来人，父母不妨对孩子的偶像也适当地关注一下。当孩子发现父母谈及自己的偶像时，哪怕只是一两句，也会让他们倍感欣喜，更多的则是对父母这份良苦用心的感激。明星也是人，也有奋斗的历程，因此父母没必要戴着有色眼镜看待和排斥。偶尔听听他们的歌，或看看他们的影视作品，甚至会让父母了解这些明星的奋斗与成功历程，也有助于父母更理性地引导孩子的追星路。

可以听听孩子对偶像的看法，以及粉丝论坛的具体活动内容，从而了解这些是否属于青春期正常的行为。针对偶像问题进行亲子交流时，父母可以倾听孩子的话，对于认同的部分作出积极反应，以此来表示对孩子的“爱屋及乌”之心。

父母对孩子追星行为的理解和尊重，不仅能让孩子切身感受到理解，也会让孩子感到由衷的释然。当亲子间建立这种互信关系时，孩子对父母的忠告也不会再一味地反感和排斥，而是愿意倾听和设身处地去为对方着想。

解决方案 3：与其强加阻挠，不如“约法三章”

“我承认我做得不对，没有征得妈妈同意，就偷偷去看明星现场演出。不过妈妈也要理解我，毕竟这不是常有的机会，弄一张入场券也很不容易，我总不能白白浪费了好不容易到手的入场券吧？而且，就算我说了实话，妈妈也不会同意我去的。既然这样，我就只能瞒着妈妈去看演出了……”

如果父母对孩子的追星行为强加阻挠，他就会蒙骗大人，千方百计地偷偷去看演出。参加这种活动，肯定是需要车费、餐费的，仅靠平时的零花钱是远远不够的，所以孩子就会试图用各种理由来骗妈妈的零花钱。

这就像无底洞一样，刚开始不起眼的小谎言，最终可能会发展到恶性的欺骗行为，甚至如此恶性循环。按理说，当他们如愿以偿来到现场，和千万追星族一起近距离聆听偶像演唱时，内心应该是满足和幸福的，也可以借助这个机会放声高歌、呐喊，好好减压。但这种快感就像露珠一样，转瞬即逝，接踵而来的是对父母的愧疚感以及生怕谎言被识破的不安，这些只会让他们的心情更加沉重。

其实，有不少孩子当初加入追星一族时，并不能预见到这种活动所要投入的时间和金钱。刚开始纯粹是因为对明星的好感而加入粉丝论坛，而随着各种名目的活动频繁进行，孩子也终于发现这种追星行为，其实是需要金钱作为后盾的。而且，想要做个地道的粉丝，就意味着必须在这上面投入一定的精力，这必定会影响到学业，让他们感到心有余而力不足。当然，他们也希望有一套“鱼和熊掌兼得”的方法来解决追星与学习之间的矛盾。

在这个过程中，父母的态度很重要。与其强加阻挠，不如包容和接纳，适度妥协。因为强硬的阻挠只会加剧他的叛逆心理，让他更加一意孤行。所以，不妨做个开明的父母，为孩子创造开放的环境，让他理性对待追星问题，并把自己在这方面的想法和困惑无所顾忌地告诉父母，而不是一味地撒谎。

“妈妈并不是阻挠你喜欢明星，也不是反对你去听他们的演唱会。我只是希望这些活动不要影响你的学习。我希望你能在确保学习不受影响的前提下，正大光明地参加自己喜欢的业余活动。”

父母要首先对孩子的追星行为表示理解和认同，再针对他的具体表现分析和总结。父母可以让孩子提出在追星活动中希望父母理解之处，甚至包括无伤大雅的经济援助要求。同样，父母也要表明自己的态度，明确在这件事中希望孩子遵守的原则。例如，“为了保证安全，不要在夜里排队”“考试前两周不参加粉丝活动”“不向父母撒谎”“粉丝活动导致晚归时，务必通知父母”等，以此来“约法三章”。

这时，父母可以把自己希望孩子遵守的几点要求列出来，但不宜过多，点到即可。在双方认可的几点内容中选出 3 条为宜。

提出要求之后，还要讲明不能遵守这些约定时所要承担的责任。至于具体如何惩罚，可以让孩子自己思考，自己决定。只有作为当事人时，孩子的使命感、责任感才会更为强烈，行动起来也更有效率。最后，把制订好的内容整理、打印，贴在屋内醒目的地方，以便能时时提醒他。

解决方案 4：帮助孩子做个有头脑、不盲从的粉丝

随着粉丝文化的发展，粉丝们的追星方式也发生了巨大的变化。在过去，粉丝会在明星生日时为其举行豪华气派的生日派对，而现在，这些只是小意思，粉丝们更热衷于以明星的名义进行“慈善捐赠”或“义工服务”。韩国明星李孝利不仅歌艺精湛，舞技超群，对流浪小动物也

显示出超乎寻常的关爱。她的粉丝俱乐部经常会自发组织粉丝去为流浪小动物收留站做义工服务，比如打扫卫生，给动物洗澡等。

事实上在韩国，无论是哪个明星的粉丝俱乐部，都会自觉做出各种善举，例如奔赴救灾现场提供志愿者服务，加入紧急救援活动，捐赠图书、大米，积极献血，到福利院探望老人、孤儿，为他们送温暖、送关怀。他们之所以积极参加这些社会活动，为的是让自己的追星方式更理性、更实在、更有意义。有头脑的追星族不仅对明星的热忱不改，而且还具有理性，行为也不再盲从。他们很清楚，成天跟在明星后面尖叫，只能招来旁人的白眼,也给明星带来了负面影响,还会让父母反感。于是，在对待追星问题时，会更加谨慎。

人们通常在真心喜欢一个人时，学会如何去爱。因为真心喜欢，才会努力去理解、包容和关怀对方，并在这样的过程中成长、成熟。从这个角度看，孩子喜欢明星也是一次学习如何去爱的良好机会。

父母不妨和孩子坦诚地交流探讨一下，究竟怎样才能做个不盲从、更为理性的粉丝？给孩子适当的空间，让他有机会反思一下自己的行为，看看自己是在疯狂的追星中迷失了自我，还是让追星行为变得意义非凡。更重要的是，要让孩子明白，真正的粉丝并不是为了满足自我需求，而是不给明星添麻烦、抹黑，让明星的形象更为耀眼。一旦孩子认识到了这一点，他在今后的追星活动中就会表现得更为理性和成熟。

第3章

孩子已经交异性朋友了

妈妈口述烦心事

“家里没人，儿子竟把女孩带到家里”

“哦……，妈妈……！”

“……！”

打开房门，只见儿子正搂着一个女孩子坐在沙发上。我触电一样愣在那里。两个孩子也因为有人突然闯入而吓了一跳，一脸惊慌失措。只是短短几秒钟，我的脑海里却闪过无数个画面。很快，我意识到彼此的尴尬，于是勉强装作若无其事的样子问道：

“哦，怎么还没去补习班？这……是你的同学？”

“嗯……，正要去呢，她和我一个美术班。”

“阿姨好！”

“你好，长得很漂亮嘛！”

“妈妈，今天怎么这么早回来？”

“嗯，我有点儿不舒服。赶紧吃点东西，上学去吧。”

说完，我逃也似地进了里屋。过了一会儿，便听到孩子出门的声音。

虽然在孩子面前装出一副无所谓的样子，回到房间后，我的心却怦怦跳个不停。“这孩子到底想些什么，竟把女孩带到家里，而且是趁家人不在家！他不会一直都这样偷偷带人到家里吧？到底有没有越过那条不可逾越的防线呢？万一越了雷池，怎么办？”各种令人恐惧的想法接连不断地浮上。

当然，事情也许并没有我想象的那么严重。女孩可能只是去补习班时刚好路过，于是上楼小坐一会儿，也有可能只是正在打闹，刚好被我瞧见而已。不过毕竟是正值青春敏感期的男女独处一室，我还是无法放松下来。

这时我突然想起，几个月前儿子曾跟我提到他有了喜欢的女孩。难道是她？两人不会是在交往吧？那么当时也许不是在打闹，而是在拥抱。还是先问问儿子到底怎么回事吧。于是，酝酿了几天之后，我佯装不经意地问道：

“那天来我家的那个女孩，你和她在交往吗？”

“慧珍吗？她只是补习班同学。”

“嗯……那你以前跟我提起过的那个喜欢的女孩呢？现在怎么样了？你们没有交往吗？”

“哎呀，别问了，我不知道。”

儿子不冷不热地扔下一句，径自走进屋里，把我一个人晾在了外面。儿子的话，我要不要相信呢？那个女孩儿是否真的仅仅是补习班的同学而已？还是两个孩子正在交往，只是儿子羞于告诉我？无论是什么关系，我都不希望他们在私密的空间单独相处，不过这种敏感的话题，要怎么跟儿子挑明呢？

我倒不是保守到反对孩子交往的程度。虽然平时看到地铁上身穿校服的学生搂抱在一起，我心里会有点不舒服，但健康的异性交往我认为没理由反对。不过事情一旦落到自己头上，就变得乱了阵脚，没办法那么洒脱了。

李秀景　化妆品推销员　一位初中一年级男孩的妈妈

读懂孩子心

时代发展，异性交往只是普通的交友关系之一

进入青春期后，孩子就会出现第二性征。女孩会前胸渐渐隆起，经历初潮；男孩则变得骨骼粗大，出现梦遗。这种身体上的变化会引起孩子精神上、心理上的变化，孩子开始有了模糊的性意识。简单地说，就是这个时期的男孩开始感觉到自己是个男人，而女孩则意识到自己是个女人了。

随着对性别的朦胧意识苏醒，对异性的好奇心也会随之剧增。当过去和自己玩闹的小伙伴，突然有一天变成了“男人”或“女人”时，孩子就会一下子变得生疏，不再像以前那样嘻嘻哈哈地玩耍了。此时，他们开始悄悄地关注对方身体上的变化，而这种好奇心很容易发展为对异性的好感。所以在少男少女当中，“单相思”的现象非常普遍。

父母也有过同样敏感的青春期,有一天发现自己突然对某个男生（女生）产生了浓厚兴趣。那个暗恋对象可能是某个帅气的男老师或漂亮的女老师,可能是邻家哥哥或姐姐,也有可能是同班同学。不过那时韩国初、高中分为男校与女校，社会上对异性交往普遍持否定态度，所以男女生即使有好感也不敢轻易表现出来。就算是与异性交往的孩子，也会格外小心谨慎，且通常持续不了太长时间。

不过，对现在的青春期孩子而言，异性交往只是交友关系之一，已非常普遍。大部分初、高中学校都是男女同校，所以认识异性的机会特别多。而且，由于从小学开始就男女同校，即使上了初中也不会对异性有别扭或不舒服的感觉。

2007 年，“嗨！青少年性文化中心”曾对青春期异性交往现象进行过调查。结果显示，有 55.6% 的高中生和 40.78% 的青春期孩子有过异性交往经历，也就是说，10 个青春期孩子中就有 4 ～ 6 个有过异性交往经历。

父母的反对会加强孩子的逆反心理

对现在的青春期孩子而言，异性交往再平凡不过了。而对父母而言，这依然是一件陌生而难以接受的事情。再开明的父母，说到自己的孩子时也会表现出双重态度，明确地表示“希望我的孩子不要那样”。据说，有的父母知道自己的孩子与异性交往时，会检查孩子的手机通话记录和短信记录，监视他的一举一动。

父母反对孩子异性交往的最大理由，是担心这种交友活动会耽误孩子学业。他们认为，即使把所有时间与精力投入到学习上也不见得充裕，而孩子在这关键时期竟为其他事情分心，作为父母无论如何也无法接受；此外，父母还担心这种异性交往在某一天会发展为性关系，甚至导致女方怀孕。想到这里，再淡定的父母，也会乱了阵脚。

但无论是坚决反对还是过度担忧，都无济于事，反而会加强孩子的叛逆心理。当父母强烈反对孩子异性交往时，他并不会乖乖听话，而是将公开恋转为地下恋。他认为约会还是要照常的，只要不让父母知道就可以相安无事。在孩子看来，他只是向父母袒露了自己喜欢某位异性的事情，并没有说会因此而耽误学业。如果父母一味强调“学习”而反对他与异性交往，只会让他对原本枯燥的学习更加厌恶，甚至把学习当做阻止他喜欢某位异性的罪魁祸首。正是这种叛逆心理与敌对感，导致孩子越走越偏，最后陷得更深。因为越不让做越想做是人的本性，没有什么道理可言。

利用孩子异性交往的机会，帮助他学会正确恋爱

在异性交往这个问题上，相比强硬地阻挠，让孩子学会如何健康交往重要得多。孩子内心单纯，仅仅是因为喜欢才会思念对方，想进一步和对方缔结某种固定的关系。至于如何才能维持好这种关系，他却并不清楚。异性交往通常都是从“漂亮”“帅气”“善良”“对我好”等好奇

心开始，并不伴随某种目的或义务，也不会考虑如何让这种关系长久。从单纯的好奇心开始，结束时也会毫无理由地说闹僵就闹僵。这与青春期孩子的感情状态不稳定、控制能力较弱直接相关。

所以，**父母的关键任务在于如何减少孩子“分手”时的不愉快，尽量让他留下美好的回忆，而不是对异性的偏见。**对情窦初开的青春期孩子来说，由于不懂得男女恋爱心理差异，很容易将某种特定经验普遍化。这种认识上的偏见不仅在现在，对他的未来也会产生极大的负面影响。

因此，在孩子开始异性交往时，父母一定要帮助孩子确立正确的恋爱观。告诉孩子，从单纯的好感变的深入交往并非易事，他必须付出努力去理解对方、关心对方、为对方着想、并要肩负一定责任感，才能更好地维系这段美好的关系。孩子理解了这一点，在正式开始与异性交往时就会格外慎重和理性。

与异性交往，说明孩子在按正常轨道健康成长，所以父母反而应该感到欣慰。父母要开阔视野，为孩子的未来着想。有句话叫“父母放眼未来，家长只看眼前”。把孩子当做只会学习的学生，坚决反对异性交往，那是家长的态度；如果具备了父母的眼光，就应该长远打算，把当前孩子的交友状态与他将来成年后的生活状态联系起来。当父母拥有长远眼光时，就不会再为当前孩子的异性交往而焦躁不安，而是用平常心来看待青春期孩子的交友现象。

其实，作为过来人，我们都知道恋爱不是成年人的专利。试想，如果孩子成年后才开始恋爱，那么父母就没机会对孩子的交友问题提供指导，也没机会为他指点迷津，帮他确立正确的恋爱观。青春期的孩子毕竟还是未成年人，对于父母善意的劝说和建议，还是愿意听取和参考的。所以，青春期孩子对异性感兴趣，恰恰是一个帮助他学习正确恋爱方式的绝佳机会。

不过理论用在别人身上还可以，一旦涉及自己，大多数人往往变得不再那么从容了。看到孩子因异性交往而苦恼不已，耽误了学习，父母肯定会着急上火。这时，不妨回忆一下自己青涩年华时同样的暗恋经历。

那时，也许我们也曾为某个帅气男生或漂亮女生而朝思暮想，熬夜为他/她写着只有自己才会懂的情书；我们肯定也曾因眼前总是浮现对方的笑脸而没法专心学习。

不过，孩子陷入暗恋不能自拔的状态就像昙花一现，不会持续太久，即使旁人不去阻拦，他也会调整好自己的心态，让浮躁的心重归平静，把精力转移到其他事情上。父母们肯定曾走过这种从深陷其中到苦苦挣扎再到超然解脱的暗恋过程，我们的孩子也不例外，他们正努力控制自我，为不迷失方向而努力。

专家为你解忧

解决方案 1：注意语气，让孩子感觉到父母的关心和尊重

如果孩子经常回家晚，不喜欢与父母在一起，动不动就把房门锁上，或自己躲到一边偷偷地发短信或打电话等，父母就会怀疑孩子是不是有了异性朋友，为了确认情况，还会偷偷地查看孩子的日记本、手机等。但拿这些所谓的证据去质问孩子，并不是可取的处理方式。当孩子认为父母侵犯了自己的隐私，在监视自己时，就会拒绝与父母对话，导致孩子更加叛逆。

如果孩子与异性交往的事情不是自己亲眼所见，而是听自他人之口，或只是凭直觉猜测，那就需要观察孩子的日常表现。有时候父母出于好奇和担忧，当面质问孩子，这时一定要注重自己的语气，让他感觉到父母的关心和尊重。千万不要劈头就问“你是不是在谈恋爱？快说，对方是谁？”面对父母这样的提问，孩子不会给出满意的答复。应该这样问“你最近电话很多，穿衣服也开始讲究了，回家时间也比以前晚了一些……嗯，你是不是有交往的朋友了？”

如果孩子没有痛快回答，请不要固执地刨根问底。也许孩子真的没

有异性朋友，或者还没有做好向父母坦白的心理准备。这时一定要注意，千万不要乱加揣测,说出““不会吧？”“对吧？”“我就说嘛”这样的话。即使感觉孩子在撒谎，也努力去相信他。可以告诉孩子，如果想谈这方面的事，爸爸妈妈随时欢迎。

“我妈妈不像其他妈妈，不会一味反对我和异性交往。她说只要按时回家，经常与她保持联系，有事和她商量，就允许我与异性交往。所以我觉得我妈妈很开明，有什么事，我都愿意和她商量。”

如果在一个家庭里，亲子间交流畅通无阻，孩子遇到什么事都愿意无所顾忌地向父母倾诉。那么，平时很少谈论异性朋友的孩子，如果有一天突然提出这个话题时，父母要如何应对呢？

首先，一定要告诉孩子“你能如实跟妈妈讲，妈妈非常感激你”。当孩子意识到父母对自己的信任和尊重时，也会相信他们，愿意把对话引向深入。父母可以把自己担忧的事情讲给孩子听，而孩子也愿意把自己的困惑讲给父母听。

相反，如果是专制型家庭，孩子就不愿与父母有过多的交流。有的父母让孩子如实说出是否有交往的异性朋友，而当孩子老老实实回答时，却又大发雷霆：“你怎么可以这么小就开始谈恋爱？”要知道，这样做只会让孩子学会遮掩和逃避，背着父母与异性交往。

在这样的家庭里，孩子无法公开自己与异性交往的事实，只能偷偷背着父母打电话，以致于晚上睡不好，白天打瞌睡。平时约会所需的费用，也都是假借买参考资料或为朋友过生日跟爸妈索要。为了不被人发现，约会地点也会选在人烟稀少的偏僻地带。这种偷偷的约会与不断的撒谎，会让孩子心里感到沉重无比，总是有种负罪感。而且，被迫转为地下恋的孩子，遇到问题时无人可求，很容易产生不良结果。

所以，父母一定要倾听孩子的声音，并如实表达自己的担忧。

“现在正是努力学习的时候……每个人的时间都是一样的，可你既要学习，又要谈恋爱，怎么忙得过来呢？所以妈妈很担心你……如果还没到非交往不可的地步，妈妈希望不要开始约会。当然，如果你们已经有了约定，那就一起想想有没有学习、交友两不误的方法。”相信面对父母如此坦诚的话语，孩子也会不再固执和反抗。

最好的方法是，在尚未进入青春期前，父母就和孩子进行异性交往方面的交流。比如一边看电视，一边问孩子喜欢什么样的人，或问孩子在学校里哪个孩子最受欢迎，并说说自己上学的年代什么样的孩子最受欢迎等。通过这些交流，自然地将话题扩展到异性交往方面。也可以告诉孩子父母恋爱时的故事，让孩子产生共鸣。

解决方案 2：与孩子共同制订异性交往的规则

处理异性交往问题时，尤其要注意观察孩子的心理状态。青春期的孩子心理浮躁、容易冲动。当他喜欢上异性时，这种躁动会更加明显，甚至生活作息也会变得没有规律。比如两人常常因为贪玩而忘记回家，有时因为和对方闹矛盾，还会冲着无辜的家人发火。这时，如果父母批评孩子，无疑是火上浇油，让孩子更加叛逆。

考虑到这些因素，建议父母与孩子共同制订一些规则。例如：“平时专注学习，周末见面”或“学习时关掉手机，× 点后再通电话”“约会时，一定要提前告诉父母”“不许两人单独在一个空房子里”等。

定好规则之后，父母就可以放手了。就算偶尔发生一些小问题，也不要急于干涉，要给他自己处理的机会。这时，孩子也会带着一种责任感全力以赴，为遵守与父母的约定而努力。

青春期孩子与异性交往时，肯定会面临第一次亲密接触。比如第一次牵手、第一次拥抱、第一次接吻。

作为过来人，我们对这些并不陌生：第一次牵手与初吻时的感觉让人头晕目眩、刻骨铭心。而此时与异性朋友的争吵，也会让人有种全新的感觉。无论是吵架的理由、过程，还是争吵时的对话、情绪，都与同性朋友间的争吵有着太多不同。所以，当孩子与异性朋友争吵后，我们常常听到他们抱怨不停：“男生怎么都那样？”“女生真的好奇怪！”虽然这些都是男女生彼此了解对方时的必经之路，但对孩子而言，这一切显然是既陌生又令人困惑的。

这时，一定要关注孩子的心理状态。不要对孩子未能遵守与父母的约定横加指责，而应该把重点放在了解他的内心感受和对此事的想法上。可以问问孩子，是什么让他如此烦恼？是什么让他伤心难过？在充分倾听他的内心感受，并及时表示对他的理解。唯有这样，孩子才能尽快摆脱痛苦，走出烦恼。

当然，孩子在异性交往过程中，肯定会伴随极大的情绪波动，父母不妨把它当做孩子成长过程中必须经历的一次“麻疹”。初次的异性交往肯定会给孩子带来全新感受，正是在这个过程中，通过自我思考、反省、克服，孩子才会渐渐成长和成熟。

解决方案 3：为孩子划定与异性身体接触的界限

几年前，在性知识网络平台上，青春期孩子问得最多的问题是“可以自慰吗？”而现在却直接变成了“可以发生性关系吗？”这表明孩子的性意识在不断变化。

2010 年，韩国女性人权振兴院针对 2 894 名初、高中青春期孩子进行了一次“青少年性文化意识调查”。此项调查分为两组进行，一组是 2 538 名普通青少年，另一组则是 356 名所谓的“问题少年”。调查结果表明，2.8% 的普通青少年与 39% 的问题少年有过性经历。初次经历性关系的平均年龄为 15.4 岁，即大多数发生在初中阶段，而 62.9% 的性关系对象为异性朋友。

其实，父母对孩子异性交往的忧虑，归根结底是因为对“性”的担忧。虽说只有 2.8% 的普通青少年有过性经历，但谁能保证自己的孩子能够排除在外呢？父母之所以极力反对孩子交异性朋友，也是为了未雨绸缪。正值成长发育期的孩子对性有着旺盛的好奇心，尤其是男孩，经常会出现性冲动。所以，父母自然担心孩子冲动闯祸。

不过，父母在对待孩子的性问题时，一定要谨慎。说话时一定要注意言辞，千万不能太过直接和武断，比如告诉孩子“绝对不能有婚前性行为”等。试想，这种话出自自己的父母，孩子肯定会觉得很尴尬，觉得父母根本不相信自己。“你们把我想成什么人了？”孩子对父母的失望也是可想而知的，如果是女孩，甚至会觉得父母侮辱了自己的人格。

对身体接触的尺度，不同的孩子有着不同的反应。有些青春期孩子对于过度的身体接触或性关系持无所谓的态度，但大部分孩子还是只限于牵手或轻轻拥抱。

2011 年，韩国性科学研究所面向 500 名初三至高三学生进行了一项针对约会时身体接触底线的调查。调查结果表明，40.4% 为牵手、25.7% 为拥抱、21.0% 为接吻，而 1.9% 的初三学生和 4.0% 的高中生则经历过性关系。这个数据表明，青春期孩子异性交友并没有父母所担忧的那样不可收拾，只有极少数的人尝过禁果。

当然，我们并不能因此就放松警惕。毕竟异性之间的交流是感性的，很容易引发冲动反应。因此，**父母要给予孩子始终如一的关心和引导，尤其在身体接触及性问题上，一定要划定界限，让孩子正确理解把握好尺度的重要性。**

特别是男女生单独待在私密空间的问题，一定要格外注意。父母可以向孩子申明，之所以强调这些，并不是相信他们，而是考虑到正常人的生理反应。人在私密空间里很容易产生性冲动，无论是男孩还是女孩。而事实表明，那些有过性经验的青春期孩子，多数都是在家人外出的空房子里发生关系的。

家有女儿的父母，可以告诉她，如果男朋友提出过分的亲密要求甚至性要求时，要理性应对。通常，女孩都会把男孩要求和自己有亲密接触的行为，看作他对自己示好的表现。所以当男友说“难道你不喜欢我”“既然互相喜欢，为什么不可以”时，就不知如何拒绝对方的要求。她会担心一旦自己拒绝了男友，就使他误以为自己不喜欢他。父母可以明确地告诉女儿，当男友提出这种要求时，要坚决地表明自己的态度，比如“我也喜欢你，如果你是真的喜欢我，就不要这样。”如果男友因为这件事而伤心，甚至提出分手，那么告诉她，这种分手未尝不是一件好事。

家有男孩的父母，要如何对待这个问题呢？首先，要告诉你的儿子，男生要懂得控制性冲动。男生在身体结构上更容易出现性冲动，所以更需要自制力。如果因为控制不住而向女友提出性要求并遭到拒绝，必须就此打住，并力求避免再次发生这种事情。

当自己的亲密接触要求遭到拒绝时，男孩通常会误解女友，感到自尊心受到打击。这是因为他不懂得女生心理和恋爱礼节，所以父母要帮助孩子正确理解女孩的拒绝代表的真正含义。这一点对于孩子成年后的恋爱，有着积极的作用。

无论如何，父母和孩子正面探讨性问题还是会感到别扭、不自在。如果遇到这样的问题，可以借助青少年专业教育机构或网站等，寻求解决方法。通过这些专业教育机构或网站，父母和孩子可以了解各种性知识以及有关性行为的责任感、生命的珍贵等值得深思的课题。

第4章

孩子太重视自己的外表了

妈妈口述烦心事

“上初中的女儿竟然学会了画眼线！”

粉底、眼线笔、眉笔、眼影、睫毛膏、润唇膏，再加上假睫毛！

这些化妆品都是从孩子的书包里翻出来的，可我的孩子才上初中二年级啊。看着这些化妆品哗啦啦地从书包里倒出来，我心里咯噔一下。

每天早晨为了赶着去上班，我总是最先出门；而晚上回到家时，孩子已经放学在家了，根本看不到孩子是以什么样的状态出门上学。老实说，我没想到孩子上学还要化妆。

回想起来，前段时间孩子经常要钱买衣服什么的。孩子正值青春期，对流行事物非常敏感，所以一般我都会同意。我想孩子最多也就买些衣服或时尚用品吧，没想到竟是些化妆品……当时，我心里与其说是生气，不如说是害怕，担心孩子走歪路、学坏。

而且，只顾忙自己工作而疏忽了孩子，我感觉非常对不起她：世上哪有这样的妈妈！我认为有必要和孩子好好谈谈。于是，我在家忐忑不安地等到孩子回来，小心翼翼地打开了话题：

“珍珠啊，你上学还化妆吗？”

“怎么了？”

孩子立即反问，没有丝毫慌张。呵，感到慌张的反而是我。我被孩子的意外反应弄得一时无语。我拿出从孩子包里翻出来的化妆品，忍不住大声嚷起来：

“这些都是你的？你这样上学，老师不管吗？”

“妈妈，你翻我书包了？”

“你别打岔，你一个中学生上学还化妆，像话吗？”

“同学们都这样。”

依然是一副无所谓的语气。

“怎么，现在中学生上学都化妆吗？你们都是小混混吗？”

“化妆就是混混吗？妈妈你真土，那算什么化妆？”

“睫毛膏都涂上了，不是化妆那是什么？学生就应该有学生的样儿，浓妆艳抹的，你觉得那样对吗？”

“大家都那样的，你什么也不知道，就冲我大喊大叫？”

“什么？你还认为自己没有错？”

“我做错什么了？别的同学都可以，为什么我就不可以？”

孩子大喊一声，跑出去了。说实话，孩子的这种反应着实让我大吃一惊。本以为孩子会承认错误，说“再也不会了”。本以为青春期也没什么太大变化，可以安然度过。没想到出现这样的事儿，真让我揪心。

走在街上，我经常能看到浓妆艳抹、身穿超短裙的女孩子，让我不由得想起最近流行的新词汇“下衣失踪”。那些裙子真是太短了，让我看着都觉得不好意思。再加上脸上那些奇怪的妆……唉，其实那个年龄段的孩子素面朝天也是很美的。每次看到那些孩子，我都替她们难过，没想到我的孩子竟然也是这样……

在青春期孩子父母论坛里，我了解到上学化妆的孩子还真不少呢。而对孩子擦粉底等行为，学校也不反对。

如果孩子妆化得不是太过分，我是不是不必管她？或者我应该扔掉所有化妆品，坚决反对孩子化妆？她正是发育的年龄，如果化妆品使用不当，会损伤皮肤的。我真不知道怎么处理这件事才好！

金美秀　销售员　一位初中二年级女孩的妈妈

读懂孩子心

青春期，最注重仪表的时期

如果有一天，儿子动不动就跑去洗头，女儿一有空就照镜子，还不断埋怨自己哪里长得不够满意，父母就应该明白，传说中的那个可怕而痛苦的“青春期”到来了。当然，在此之前，孩子会有身高增长、第二性征出现等变化，但那些都只不过是预告，真正的青春期是从孩子关心自己容貌的那一瞬间开始的。

孩子处于青春期时格外关心自己的容貌，是所有父母都知道的常识。但一个青春期孩子不仅涂脂抹粉，还带着耳钉或耳环，衣服大胆得离谱，父母当然无法接受。虽然学校也在采取措施制裁学生私自改短裙子或改瘦裤腿，但似乎没什么用。

另外，孩子对于容貌是非常敏感和挑剔的。有个女孩子只因妈妈无心说了一句“你的肚腩肉该减一减了”，竟然离家出走。对于本来就因肚腩肉苦恼不已的孩子而言，粗心妈妈的这句话无疑是火上浇油；而对父母而言，孩子因这些小事离家出走，简直不可理喻。而事实是，“这点小事”足以对青春期的孩子造成极大伤害。

到底是为什么呢？原因是随着孩子进入全面发育期，身上会出现很多变化。诸如个子变高、嗓音变化等第二性征会让孩子有些措手不及：“为什么我的身体会发生这样的变化，别人也都和我一样吗？”从而陷入不安与恐慌中。有些女孩甚至因胸部发育而感到羞耻，担心别人发现自己身上的变化。

对青春期孩子而言，世界的中心就是“我”

随着身体上的变化，孩子心理上、精神上也出现了变化，社会认知（Social Cognition）能力将得到全面发展。所谓“社会认知”，是指“对自己与他人的角色或关系，以及他人的感情与想法、意图、社会行为等的理解能力”。

比如，小时候人们只对自己关心的领域感兴趣，而随着社会认知的发展，也会渐渐理解他人所关心的领域。这种能力可以帮助孩子在未来维持良好的人际关系，很好地适应社会生活。

在社会认知发展的过程中，会出现所谓“自我为中心”的独特的认知缺陷。也就是说，将自己当作世界的主人公。孩子会觉得自己是独一无二的，甚至会认为地球在围绕着自己转动。当然，这是一种被夸大了的自我意识状态。这种状态会创造出“想象观众（Imaginary Audience）”，让他们认为周围的人都在关注自己，就像观众注视舞台上的主人公一样。

比如，孩子觉得自己头发没梳好时会坐立不安，因为他觉得人们都在看着自己，担心别人笑话自己。其实并没有人关心这些，但青春期孩子就是认为周围的人都在关注自己容貌上的缺陷。所以这个时期的女孩子会过于注重自己的衣着打扮，随时都要照镜子。

与此同时，孩子对那些小事过度的敏感和焦虑，让父母简直无法理解。在紧张忙碌的清晨，女儿只因不满意自己的发型，在镜子前赖着不走，如果你是她的父母，你会怎么想呢？通常会说：“差不多就走吧，挺好的，干嘛还要重新梳？”但你要知道，对女儿而言，发型是非常重要的，绝对不可以随便打理一下就出门。

实际上，各位父母的青春期也是这样度过的。也许，还对催促自己赶紧上学的父母发过脾气呢。今天只是角色发生了变化，而父母却感觉措手不及。

更让父母感到恐慌不已的，是当今时代孩子的行为。现在即使是普通孩子也会化妆、戴耳环，父母小时候眼中的“小混混”“问题学生”才有的行为，现在变成了普通孩子的日常行为。世态变化之大，真让父母有些不知所措，晕头转向。

“外貌至上”是大人造成的

到底是什么让我们的孩子发生如此大的变化？有些父母说以前的孩子与现在的孩子简直就是两种族类。难道真的就像流行歌曲唱的一样，现在的孩子属于“新新人类”吗？不过，作为一名教育工作者，我认为大人们没有资格谴责孩子，因为这一切都是自己造成的。以貌取人，强化外貌至上主义，将外貌当作竞争力的罪魁祸首就是大人们。

过去，俊男美女可以获得普通人无法享受的优待。尽管如此，外貌也还未成为决定就业成功与否的主要因素。而在今天，即使成绩优异、能力出众，如果长相丑陋，就很难找到理想工作。不然怎么会有那么多人为参加面试而去整容呢？在这样的社会环境下，父母告诉孩子内心比外貌重要，要求孩子努力学习，不要在打扮自己的过程中虚度年华，他怎么可能听得进去呢？

据说，近几年美容行业主要的客户开发对象就是青春期孩子到20多岁的年轻人。大众媒体与企业在积极诱导并鼓励青春期孩子更多关注外貌。尤其像服装或小饰品等流行商品能否让这个年龄层的人欢迎，决定着营销的成败。所以，各大企业及商家在这上面做足了工夫。四处涌来的各种华美影像，诱惑孩子情不自禁地打开钱包。如果要求青春期孩子不要关心外貌，他根本听不进去。

其实，诱导青春期孩子着装成人化的正是那些艺人，尤其是那些偶像派歌手。不知何时起，韩国演艺界美少年、美少女如雨后春笋般涌出，且年龄多集中分布在十几岁到二十多岁间。对青春期孩子而言，这些偶像是充满激情与能量的代言人，是自己渴望效仿的榜样。所以，不仅是这些人身上的衣服或首饰，就连他们的舞蹈动作也会立即在青少年中流行起来。如果不信，请回忆一下，孩子是何时开始穿超短裙的？对了，就是从那些“下衣失踪”“健美大腿”等网络流行语大量流传时开始的。想想看，当看到同龄人打扮得像成人一样，穿着华丽服装，跳着性感舞蹈，不仅没受批评反而赚足了人气，青春期的孩子会怎么想呢？是反感还是努力效仿？答案不言而明。

青春期孩子渴望变得更加漂亮与帅气的另一原因，是他们内心的自卑与不安。如前所述，外貌所带来的影响已超过过异性关系与人际关系，扩展到了社会生活领域。在过去，只要学习成绩优异，长得胖或丑都无所谓。今天世界发生了天翻地覆的变化，漂亮女孩学习好，人们都会夸她“不仅人长得漂亮，学习成绩也很好”；丑而胖的女孩学习好，人们会说“真可惜啊”。这样的现实让孩子感到了强烈的不安，对外貌的苦恼已不再是简单的苦恼。

通过下面的统计资料，我们可以了解青春期孩子对外貌是多么在意。2011 年 4 月，《e- 首尔统计》46 号文件发表了以下内容。据“2009 年青春期孩子健康形态网络调查（疾病管理总部）”和“2009 年首尔调查”等结果分析，首尔有 54% 的初、高中女学生认为可以接受整形手术。这个数据相比 2007 年的 48.5%，增长了 6.1%；同意做整形手术的男生也从 2007 年的 32.9% 增长为 2009 年的 42.5%。而实际上，青春期孩子接受整形手术的事例也很多。

对服饰品牌的过于看重也属于同样的情况。认为著名品牌服饰能提升自己的形象，也体现了孩子的不安心理。

请问那些感叹“近来孩子不像学生、只注重外貌”的父母，到底谁的责任更大？是大人还是孩子？

说到这里，有的父母会反问：“难道孩子化不化妆都无所谓吗？父母不要管吗？”当然不是。只要父母适当地指导与控制，而不要一味怪罪于孩子就可以了，因为责怪根本解决不了问题。所以，在谴责、批评孩子前，首先要承认我们大人的错误，要了解错误的根源，才能找出解决方案。

其实青春期孩子对外貌过度的关心并非一个简单的问题。它与青春期心理、社会现实、父母意识等复杂因素密切相关。所以，作为大人和父母，我们首先要认真地反思。

专家为你解忧

解决方案 1：首先要尊重孩子的喜好

直到小学毕业，孩子的着装或发型都由父母尤其是妈妈说了算。但升入初中后，一切都发生了改变。当妈妈买来衣服或鞋子时，孩子会觉得又土又难看，埋怨妈妈“现在还有谁穿这些啊”。对买来的新衣服，以前孩子会拍手叫好，现在变得如此挑剔，妈妈当然会不知所措，感到沮丧。

不过，这些还不算结束。孩子会不断向父母要钱买衣服，理由是“没什么衣服可穿”；而父母则会批评孩子浪费，“已经有那么多衣服还要买”。相信每个家庭都会面临诸如此类的矛盾吧。

进入青春期后，随着自我意识的增强，孩子的审美观会与父母的审美观发生冲突，孩子希望能够按照自己的意愿打扮自己。

有了自己的喜好，意味着孩子开始拥有了自己的世界，也意味着父母是时候要认可并尊重孩子的喜好了。即使不合父母的心意，也不要谴责或强迫孩子遵从大人的喜好，哪怕那是为孩子着想。

当然，这并不代表要无条件赞同孩子的喜好。尊重与赞同是两个概念，即使不赞同，也可以尊重，并在相互尊重的前提下寻找更好的对策，如同对待他人一样。当然，说起来容易做起来难。本来看到孩子“那个样子”不禁要大发雷霆，而现在却要忍耐与尊重，真让人无法忍受。

当然，父母与孩子间是一种特殊的关系，不可能像对待陌生人那样对待孩子。但也请稍微考虑一下孩子的自尊心。因为孩子的观点和喜好越是受到尊重，越容易获得尊严感。

解决方案 2：与其说“绝对不行”，不如适度妥协

在孩子的书包里发现“化妆品”时，父母最先的反应就是惊愕与愤怒。满脑子都是“我的孩子怎么可以这样”，认为女儿不正常，简直就是小太妹，继而大发雷霆地威胁孩子把化妆品统统扔掉，绝对警告她不可再用。

父母这么做，孩子就会乖乖认错，再也不化妆了吗？她会以父母希望的、自己却认为土得掉渣的妆容出门吗？恐怕不会吧。化妆品可以重新买，只要不被父母发现就行了。孩子只会觉得自己倒霉，让父母发现了。同时会将父母划入跟不上潮流的“老年人”一族。这也就是俗话说的“事与愿违”。

因此，“绝对不行”根本不是正确的解决方法。也许你不情愿，但也要学会向孩子适度妥协。例如，可以和孩子商定，中学毕业前只允许用粉底与润唇膏，毕业后才能画眼线或化彩妆。

此外，孩子妆容奇怪也是因为她没有学过正确的化妆方法。商定好折中方案后，妈妈可以教孩子怎样化妆，帮助她化出适合自己的自然妆。

另外，处于这一时期的女孩只重视化妆而忽视卸妆，还要教她详细的卸妆方法。如果父母作出一定的让步，孩子也不会固执地坚持自己的想法，渐渐会听父母的话。

孩子要求买衣服、鞋子、饰品等东西时，不要说“绝对不行”，而应采取商量的态度。

当然不是说要满足孩子的要求。一味拒绝孩子的要求不可取，但一味满足孩子所有要求更不可取。折中的做法是，可以充分听取孩子的意见，但要制订一定标准。

在此我向大家介绍一个很好的例子。有一位父亲给索要名牌运动鞋的青春期儿子写了这样一封信。

我亲爱的儿子：

你说别的同学都买了那种昂贵漂亮的运动鞋，也想拥有一双那样的运动鞋。爸爸听到你的话，想了很多。

当然，爸爸理解你此时此刻的心情，也知道你多么想穿上漂亮的新鞋，和朋友们一起奔跑在运动场上。

不过，爸爸也有些难过。爸爸不希望你是那种因穿上昂贵运动鞋而感到自豪的孩子；爸爸希望你成为不管穿多么普通的衣服都显得有气质和品位的人。

能穿上漂亮的运动鞋当然好，但我更希望你能成为优秀的人。

爸爸可以给你买运动鞋，如果你真的非常想要的话。你考虑好了，再告诉我吧。

爱你的爸爸

听说，儿子看了这封信后，再没有要求买那双运动鞋。因为孩子内心对理解自己的爸爸充满感激，真切地感觉到了爸爸的关爱。

当孩子要求买某种物品时，请问一下他为什么想要那些东西。如果他的理由正当，可以为其制订购买计划，但不要立刻就买，要向孩子说明目前父母的经济情况，然后约定具体购买日期。如果养成了这种习惯，孩子长大后也会有计划地消费。

问题是孩子说出的理由是“我就是想要嘛”“别的同学也都有嘛”等。这时，父母千万不要说“你可真没用，想通过衣服得到同学的认可”“别的孩子有的你都想要，为什么就不能像他们那样努力学习呢？先把学习成绩搞上去再说吧”等话。

其实孩子想要什么东西，心理因素所起的作用比实用因素更大：也许孩子羡慕拥有那件东西的同学，也许他担心只有自己跟不上潮流而被排斥。

如果这时父母只是一味指责，孩子会是什么心情呢？他对父母的不满会越来越强烈，对自己落后于其他同学越来越不安。因此，父母要抱着理解孩子的心态，冷静处理。

解决方案 3：父母要丢掉偏见

看着长相不够漂亮且微胖的女儿，爸爸说：“现在的女生能力远比外貌重要。”而没过多久，一边和妈妈看电视剧，一边却说道：

“女人一定要长得漂亮又苗条，能力再好有什么用？长得那么胖那么丑……真不知道哪个男人会喜欢这样的女人？”

想象一下，正在房间里学习的女儿听到这样的话，会是什么感觉？对若无其事讲着前后矛盾的话语的父母，又将如何看待呢？她会感到困惑，搞不清楚父母真实的想法，更会感觉父母背叛了自己，从而不再相信父母讲的任何话。

事实上，父母的话或行为经常自相矛盾。但父母自己都没有意识到这一点，所以根本不清楚会对孩子造成何种影响。为人父母，本应帮助孩子解开来自各方面的困惑，而上文中的父母反而火上浇油。那么，对孩子而言，父母讲的“能力比外貌重要”是值得信赖的忠告呢，还是虚伪的话语呢？

父母之所以会出现这种自相矛盾的行为，是因为自己就受到了外貌至上主义的影响。如果不想将这种歪曲的价值观传给孩子，父母首先要改变观点。平时还要注意自己的言行，不要在不知不觉中拿容貌去评价他人。

不要一味担心或指责孩子过度看重自己的外貌，要努力去理解孩子的内心。也许他的内心深处隐藏着与外貌有关的自卑感，不要把孩子当作小孩子而指责他“这有那么重要吗，还为这个着急上火”，而要冷静地劝说并安慰鼓励他。

第5章

脏话成了口头禅

妈妈口述烦心事

“没想到脏话竟会出自我女儿嘴里”

大概是一个月前，我为了给女儿换洗脏衣服进到她的房间，正好听到MSN消息提示音，就无意中扫了一下显示屏。不看还好，这一看让我仿佛一下子跌入了冰窟。“你个鸟人，要是明天还骗我，你死定了！”难道女儿在学校被同学排挤？还是被校园霸王欺负？种种不祥的感觉都浮现在我脑海里。到底女儿和谁有了什么纠葛，竟然会遭到这种恐吓？我六神无主，心想必须赶紧问问女儿发生了什么事，于是把在客厅里看电视的女儿叫了过来。

“我问你，你最近是不是和同学闹别扭？”

女儿莫名其妙地看着我，想了想答道：“没有！”看她的表情应该不是故意隐瞒或者说谎。但是我不想就这样不了了之，于是让她亲眼看看电脑屏幕上的消息。

“要是没事，别人为什么会骂你？”

“这哪儿是骂人了？现在的小孩都这么说！”

“什么？‘鸟人’不是骂人是什么？”

“哎呀，又开始了，我不是说了嘛，没什么！”

女儿说完就走出了房间继续看她的电视。而我还有许多话要问她。

“鸟人”不算脏话？现在的小孩都这样说？那是不是表明，我的女儿也不例外？听说现在的孩子说话粗鲁，但我认为那应该是“问题小孩”的事情，和我的女儿无关。可如今……我一时真的有点不知所措。既然孩子自己觉得无所谓，我一个劲地刨根问底的话，估计家里又得闹个鸡犬不宁，不如再观察一段时间再说。

有一天孩子在房间里跟她的朋友通电话，我特意在门口偷听了一会儿。还好，我所担心的情形并没有出现。我刚要松一口气，突然听到女儿一边咯咯笑着一边脏话连篇。

“那小子不来了？”“真够牛X的。”“你妹！逗死我了！”“好了好了我知道了，你个SB。”

天！这还是我那个乖巧听话的女儿吗？怎么变得这么粗俗？竟然把不堪入耳的脏话说得这么流利！也许有人会觉得我保守，是个老古董，说我少见多怪，但我依然偏执地认为，我的孩子是不会把脏话挂在嘴上的。或者说，这只是我一厢情愿的美好想法吧。平时，我和老公都很少骂人或说脏话的。丈夫是个性格温和的人，一向很少使用粗鲁的语言，当着孩子的面，更是小心谨慎。可女儿到底是怎么了？满口脏话却根本不在乎。

我尽量让自己恢复平静，决定和女儿好好理论一番，于是把她叫了过来。

“妈妈刚才无意中听到了你跟同学的通话。不会是和人家吵架了吧？”

“没有啊，怎么了？”

“既然不是吵架，那怎么听见你骂人呢？到底是从哪儿学的这一套？”

看到我一脸严肃的样子，孩子似乎意识到做错了事，立即表示“我错了”。看到她能意识到错误，我多少放心了些，觉得孺子可教，但还是要给她点警告，好让她长点记性。

“你见过爸妈平时在家骂人吗？听到你刚才说脏话，妈真的很意外，也很难过。因为我从没想过有一天这些脏话竟会出自我的女儿嘴里。”

“对不起，妈。因为是跟朋友随便聊，所以就忍不住……”

“那他们要是一直说脏话，你也跟他们一样，是不是？”

“我以后会小心的。”

那天的谈话，暂且平静地告一段落，但我心里始终堵得慌。

作为一名教育工作者，平时在街上见到学生时，我都会格外留意他们的言谈举止。遗憾的是，我经常会听到稚气未脱的孩子，开口乱说脏话。真不知道现在的孩子到底是怎么了？为什么放着好好的文明语不用，非得脏话连篇呢？难道我们的下一代，真的就不可救药了吗？

金英云　教育工作者　11 岁女孩的妈妈

读懂孩子心

生气或者高兴，统统用脏话表达才够劲

有一次我在等地铁，顺便发短信。当时身后刚好站着几个初中女生。刚开始，我只是专注于编辑短信，但是不知不觉，却被他们的脏话弄得不安起来。

“瞧瞧，真够牛 X 的。”

“哦？这屏幕是够 TM 大的。新款吗？又大又气派！”

“我看看？”

“我靠，都赶上电子屏了。我靠。”

听了半天我才意识到，原来她们议论的正是我手里的手机。脏话连篇，简直让人目瞪口呆。其实一部手机并不足以让她们生气或愤慨，之所以这样，纯粹是闹着玩的。但其中包含的内容，也未免太不堪入耳了。好在我从事青少年教育多年，多少能理解，否则肯定会以为她们是“小太妹”而对她们避而远之。

既不是小太妹，也不是问题学生，普通的青春期女孩子，为什么会如此热衷于说脏话呢？

其实骂人或说脏话能让人心里痛快，这点大人也会有同感。遭受委屈或者侮辱时，脏话脱口而出的一瞬间，不仅能让心里的不痛快一扫而光，而且能给人以快感。现在的青春期孩子感到压力或者生气时，也会骂人或说脏话，试图以此来消除心里的不痛快。

有些孩子是看到身边的同学说脏话，自己也跟风说脏话，以此来表示朋友间的亲密度，感受朋友圈子特有的归属感。当我针对那些说脏话的孩子调查时，发现多半的孩子都回答说脏话并没有什么特殊原因，只是习惯了而已。

“只要一开口肯定会冒出脏话。要是自己不注意，脏话就会很自然地冒出来而且很顺口。其实就算很注意，也不容易控制得住。除非是被人排挤，根本插不上嘴，否则现在的孩子哪有不说脏话的。”

孩子用脏话来表达和传递自己的情绪。要是不说脏话，就觉得没法对话和沟通。他不了解自己的情绪要以什么方式来表达，于是随口就吐出脏话来。

其实我们这些做父母的，学生时代肯定也骂过人、说过脏话，但是开口闭口把脏话挂在嘴边的人却没几个。通常都是气到极点，忍无可忍时才蹦出来，或者朋友间开开玩笑时偶尔说那么一两句。如果是当着长辈或者其他人，肯定会小心翼翼。现在倒好，不管是学习好的还是差的，也不管品行端正不端正，几乎所有的青春期孩子都把说脏话当成一种流行时尚。

2011 年，性别平等和家庭部（Ministry of Gender Equality and Family）发表的一项调查结果显示，在青少年当中，约有 73% 的人每天都在说脏话。韩国教员团体总联合会曾做过一项实验，给 4 个高中生佩戴了小型录音机，结果发现，平均 75 秒他们就会蹦出一句脏话。其实这个问题并不仅仅存在于青春期孩子身上，小学五六年级的孩子所说的脏话已经超出了二三十岁成人的水平。

不仅仅是平时的对话中，发短信或网聊时，孩子们所用的词汇也基本上都是骂人的话。正因为大家都在说脏话，孩子们既不感到羞耻，也不会有丝毫的不愉快。对他们来说，无论是害怕、悲伤、难过，还是高兴，脏话都是最好的情绪载体。

其实孩子并非不知道说脏话不好，只是对于这种行为不文明到什么程度没有深刻的认识。对他们来说，脏话已然成了再自然不过的日常表达方式。对于这样的孩子，如果父母一味训斥，并不能从根本上解决问题。必须仔细了解一下，孩子脏话连篇的原因是什么。父母要努力让孩子意识到说脏话的坏处，并且引导他及时改正。

说脏话的根本原因：内心潜藏的不安与压力

说脏话已成了当今孩子的日常习惯。难道相比过去时代的人，现在的孩子品德败坏、行为堕落？绝不是。一个人的语言变得粗鲁，表明其内心的不安和压力很大。这么多孩子都热衷于说脏话，表明他们内心承受的不安和压力很大。

当前韩国的教育现状是，课程是为应试制度而生的，这注定其中充满了竞争。成绩就是一切，只要成绩好，什么都可以网开一面；但如果成绩不好，那就意味着一无是处，低人一等。于是为了高成绩、名牌大学，孩子必须不断竞争和打拼。

到底这种扭曲现象的根源在哪里？在这个社会，赤裸裸的竞争体制，压制着每一个成人，而这又毫无遗漏地传承给了孩子。无休止的竞争让身为父母的我们筋疲力竭，也让我们担忧孩子将来能否在这个社会生存下去。于是只好鞭策孩子卖力学习，考更高分。

其实，青春期本身就已充满了各种压力，而父母又给孩子施加了沉重的社会压力。一旦这种压力没有及时发泄，“骂人”和“脏话”便会乘虚而入。

语言并不仅仅是单纯的交流工具，它蕴含着神奇的力量。2009 年，韩国 MBC 电视台(Munhwa Broadcasting Corporation)为了纪念韩字节(为了纪念朝鲜王朝第四代君王世宗大王创造韩字而设立的节日。——译者注)特意制作了一期名为“语言的力量”的专题节目。节目中介绍了几个有关语言的实验，其中最吸引人的，还要数“语言和米饭”的实验。

两个玻璃瓶里分别装上米饭，给其中一个听“感谢您”之类的文明语言；而另一个则经常听“真讨厌！”等负面的语言。没想到经过一个月实验之后，一直“听”好话的那瓶米饭，长出了毛茸茸的曲霉；而“听”惯了坏话的米饭，则长出了黑色的霉斑，正一点点腐烂。

日本医学博士江本胜也曾做过一项“水实验”，来观察人的语言对水晶体纹路所产生的影响，实验结果与上述“米饭实验”结果基本相同。试想想，好话与坏话，对米饭、水等无生命物质都能起到如此惊人的影响，何况是对人呢？

不好的词汇以及坏话，能刺激人的大脑边缘系统，而它正是负责人的攻击性的系统。一旦受到刺激，人就会心跳加速、情绪激动，很容易失去理智。人听了脏话或骂人的话，之所以会怒火中烧，就是因为大脑边缘系统受到了刺激。

经常听人责骂，或者经常去骂别人，表明这个人经常处于非理性的兴奋状态。越是爱骂人，其性格就会越粗暴，情绪也常常处于不稳定状态；反过来，这种冲动性格和不安情绪，会促使人变本加厉地骂人，从而形成恶性循环。

在英国，如果工作单位说脏话就会当场被解雇。美国招聘教授时，也会在招聘现场格外留意应聘人员的词汇表达能力及说话风格。因为语言不仅仅是衡量一个人学识和取向的标准，更是评断一个人品德和素质的尺度。所以在欧美国家，从小就会针对孩子进行系统的语言教育，以培养他们良好的语言习惯。平时在家里，父母也会有意训练孩子的语言表达习惯，经常让孩子用恰当的词汇和优美的句子来表达自己的内心想法和感受。如果孩子使用了不妥的词汇，父母就会立即纠正和引导，让孩子重新尝试。同时，整个社会对谩骂和脏话，都表现出极力的否定和排斥态度。

我之所以举国外的例子，是想强调，让孩子把脏话挂在嘴边的罪魁祸首正是我们自己，是这个社会和成人世界。所以，如果想要改变这种状态，那么大人尤其是父母就要先改掉骂人的习惯。父母平时就要注意使用文明用语，避免说脏话，帮孩子养成使用文明礼貌用语的良好习惯。有一点必须重申，说脏话的习惯并不是单凭训斥就能改掉，父母要给予具体而持续的关注和引导。

专家为你解忧

解决方案 1：洞察孩子说脏话背后的情绪状态

有不少父母会心存侥幸，以为“我的孩子不至于也会说脏话吧”。当亲眼目睹自己的孩子说脏话时，就会觉得不可思议、难以接受并气急败坏地责备孩子：“哪儿学来的那些脏话！”父母想要纠正孩子错误行为的出发点是对的，但如果不分青红皂白，只顾训斥孩子，反而会事与愿违。仅因为孩子说脏话，就兴师动众地问罪，并不明智，父母首先要了解一下孩子说脏话的具体情境。

生气时自言自语地骂人

有时遇到不顺心的事情，人们会自言自语地蹦出脏话，这在成人中很常见。而发生在孩子身上时，父母就会立刻训斥：“有种你再说说？”对父母而言，孩子竟然说脏话，让他们无法接受，也无法饶恕。这时首先要弄清楚是什么原因导致孩子忍不住说脏话。**不能自我控制，随便发泄情绪，表明孩子的情绪已经亮起红灯。而父母不顾孩子的情绪，只是一味训斥，只会适得其反，徒增孩子的抗拒心理。**

就算父母再怎么着急，也不得不耐心等待，直到孩子恢复平静。此时的当务之急就是关注孩子的情绪状态：“刚才是不是有什么不开心的事情？发生了什么事？”等孩子说完缘由后，再交流一下，并对孩子说脏话的事表明自己的观点。

“哦，原来是这样，难怪你会这么生气。不过刚才听你说那些脏话，妈妈真是有些意外。生气归生气，骂人毕竟不是好事。而且，生气时用说脏话和骂人来发泄，更无法控制好情绪。”当父母心平气和、明确地指出孩子错误时，他也会意识到自己的不对。另外，对于父母没有立刻发火而是耐心等待自己恢复平静，孩子心里会充满感激。

和朋友交流时说脏话

父母通常是在孩子跟同学、朋友说话时发现他说脏话或骂人的。平时在父母面前，孩子会小心克制自己，而一旦和朋友对话，就会不知不觉蹦出那些脏话。当孩子正和朋友聊得热火朝天时，父母会突然闯入就地惩罚孩子，以为当场教训效果更好一些。但是这种丝毫不考虑孩子面子的方法，是不明智的。孩子会因为当着朋友的面遭到爸妈训斥而感到没面子、自尊心受挫，同时会觉得对不起朋友。而且，对于父母偷听自己的话，他心里会非常反感。

明智的做法是，等孩子的朋友回去或者孩子打完电话后，再谈论这个话题。而且在正式谈论之前，要先对无意中听到孩子的交谈内容表示歉意。这样才不会让孩子感觉不舒服，觉得自己被监视，个人空间被侵犯。这点做到位之后，父母就可以针对说脏话这件事，如实表明自己的态度。

“妈妈知道现在的孩子都在说脏话，但我总觉得听起来不舒服、让人担心。总之，我希望你能多说文明用语，不再说那些难听的话。你应该能做到吧？”既要考虑到孩子的立场，也要简短、明确地表达自己的立场。

但要切记，千万不能批评孩子的朋友。“你以前可不这样，是不是你那个朋友给带坏的，才会说这些难听的话？”父母的这种态度，既起不到教育孩子的作用，还会引起孩子的反感。把孩子的错误推到他朋友身上，他并不会认为这是爱的表现，反而会觉得父母很自私、很偏执。

所以，即使是对孩子的朋友有种种不满，也不要擅自评判，只需就事论事，纠正孩子的错误即可。

冲着爸妈说脏话时

前面所讲的两种情形，虽然与孩子说脏话有关，但至少在亲子关系上，并不存在什么问题。真正严重的是，孩子冲着爸妈也说脏话。

有个初二的男孩，很想要个游戏机，但是妈妈坚决没买。孩子就冲着妈妈喊："我靠，真 TM 讨厌！"妈妈一下子如遭雷击："什么？真 TM 的？你小子是不是抽风啊？"然后对孩子一顿谩骂和狠打。由此可见妈妈的气愤程度有多深。其实这世上没有哪个父母，在听到孩子骂自己时会心平气和。但父母如此冲动，真能解决问题吗？

父母不能仅看孩子骂人的表象。其实再怎么骂人成性的孩子，也很少冲着父母说脏话。**孩子冲着父母说脏话，表明其情绪极其激动，或者对父母心存强烈的愤怒和不信任。**这时如果父母不能控制自己，而是一番训斥和打骂应对，只能是火上浇油。当然，父母也是人，面对这种情形很难做到理性。但如果真的爱孩子，就要克制情绪。

父母首先要让激动的心情恢复平静，给孩子反思自我行为的时间和空间。之后再心平气和地去和孩子交谈，把当时自己的失望和伤心如实地讲给孩子听。孩子会认错，并请求父母原谅。这时，父母就可以语气柔和地问孩子这样冲动是什么原因。

解决方案 2：引导孩子用贴切的词语表达自己的情绪

很多人会在不知不觉中说一些骂人的话，但是究竟这些脏话蕴含着什么意思，却并不了解。大多数人都是在并不了解其含义的情况下人云亦云孩子也是如此。他知道骂人和说脏话不好也不应该，却不知道为什么不好。如果父母不告诉孩子原因，只是一味地要求他闭嘴不说脏话，他不但不会顺从，反而会产生反感和抗拒心理。如果想要让孩子不去做某件事，就要告诉他那样做为什么不好，之后再告诉他正确的处理方法。比如，经常使用的“SB”、“牛 X”，是贬低女性生殖器的话，赤裸裸且不堪入耳。

当给青春期孩子解释这些脏话的准确含义时，他大多会感到很意外。一直以来，毫无顾忌地脱口而出的脏话，竟然是如此低俗和难听。当他意识到这一点后，就会变得小心翼翼，并试图去改正。接下来他要面临的另一个问题是，如果除去这些骂人的话，他会感到手足无措，不知道该用哪些词来代替才能痛快地表达自己的情绪和想法。

因此，仅仅告诉孩子骂人不对、说脏话不好是不够的，还要引导他用正确的词语来表达自己的想法。有些父母可能会问：“都已经是大孩子了，这还能难倒他们？也太夸张了吧？”其实，人的一生中，不一定每件事都要手把手地教，有时靠自我领悟也能掌握许多要领，但是语言和表达习惯却例外。想要让孩子掌握并使用准确而美好的语言，父母和老师必须积极地引导。表 5-1 是一些表达不同情绪或心情的词语，可以引导孩子正确使用。

教孩子使用文明用语、礼貌用语，虽说不能在一朝一夕改掉他说脏话的习惯，但至少让他懂得自我克制和尝试使用文明语言。当然，最重要的还是父母首先要努力改掉不好的语言习惯。不但要不说脏话，还要学会根据不同场合选用恰当的语句。父母可以参考一下表 5-1 中所列的内容，让孩子练练高兴或生气时不带攻击性地使用文明语言，并引导孩子使用文明礼貌用语。

解决方案 3：父母自己不说脏话

高中时，有一天我去同学家玩。我们正在他的房间里听歌时，突然房门打开，他妈妈大声吼道：

“臭小子，快吃饭了，我得喊几遍？耳朵聋了？”

“真是的！没听见！走，吃饭！”

表 5-1　表达不同情绪或心情的词语

当需求得到满足时
感动、感激、深受感动、心头一热
自豪、昂然、心满意足、令人骄傲、信心满怀
豁然开朗、痛快、轻松、释然
愉悦、快乐、高兴、欢愉、欢快、喜悦、兴致勃勃
感兴趣、好奇、出神、陶醉、美轮美奂、热烈、被吸引
心潮澎湃、兴高采烈、激动万分、心旌荡漾、妙不可言、紧张激动
起劲、活泼、充满朝气、活力充沛、生机勃勃
当需求无法得到满足时
荒谬、意外、咯噔一下、深受打击、发懵、震惊、天塌下来的感觉
疏远、冷淡、冷漠、出神、呆滞、粗心大意、无动于衷、麻木
嫉妒、坐立不安、焦急、急切、心急
生厌、单调、无聊、没意思、枯燥
泄气、打蔫儿、疲惫、虚脱、劳累
心乱、烦恼、烦闷、烦躁、心烦意乱、不舒服、心累、压力大、为难、不顺眼
空虚、怀念、可怜、同情、遗憾、焦虑、可怜巴巴、百感交集
见怪、不友善、惋惜、遗憾、闷闷不乐、满肚子坏水、可恶、讨厌
不痛快、七上八下、可疑、模糊、焦虑不安、莫名其妙
别扭、轻蔑、恶心、厌烦、令人作呕、羞辱、鄙夷、可恨、不悦
害怕、紧张、堵得慌、不敢呼吸、惴惴不安、焦急、直冒冷汗
令人伤悲、茫然、凄凉、悲伤、暗淡、忧郁、颓废、郁郁寡欢

我以为同学妈妈当时发火了，紧张得大气都不敢出。但是同学却一副不以为意的表情。照他的话说，在家里他爸妈经常用那种口气说话，他早就习惯了，也没觉得不妥。不过我从没听我父母那样说过，所以当时感到很意外。那个同学在班里是出了名的“骂人王”，看来多多少少

和他的家庭环境有关。像这样经常说粗话的家庭毕竟还是少数，不过经常把脏话挂在嘴边的父母倒是不少。倒不是冲着孩子说脏话，而是情绪激动时自言自语地说，或者在和别人吵架时当着孩子的面说。父母也是人，有时候情绪激动骂上两句也是常有的事。

问题是孩子看到父母这样，会受到莫大的影响。所以，在遇到忍无可忍的情况时，父母是克制自己的情绪，选择恰当的表达方式呢，还是口无遮拦，任脏话脱口而出呢？不同的处理方式，对于孩子学习语言尤其是对待脏话的态度会产生很大的影响。如果父母平时对说脏话持小心谨慎的态度，努力克制自己，孩子自然也会变得反感和排斥脏话。即使听到其他同学说脏话，他也会努力克制自己；但如果父母平时就无所顾忌地说脏话，那么孩子自然而然也就学会了。

每个父母都希望自己的孩子彬彬有礼，口吐芳华。良好的语言习惯，与语文成绩无关，却与父母和孩子身边的人有密切关系，因为语言习惯是从小在生活中形成的。所以，如果希望孩子有良好的语言习惯，平时家人之间对话时，就要做到身教重于言传。

第6章

遭受校园暴力或同学排挤

妈妈口述烦心事

“天啊，我的孩子受同学排挤”

对于媒体报道的校园暴力或排挤事件，我早有耳闻。每当看到这种报道，我总觉得真是世风日下。但也仅此而已，我从未想过有一天我的孩子也会成为这种事件的受害者。儿子上小学时，在同学中人气颇高，朋友也很多。而且我以为，受同学排挤的事情，通常只会发生在问题学生身上。

没想到现在我的孩子却深受校园暴力之苦。当我得知这件事情时，既气愤又惶恐，不知如何是好。而当我从孩子嘴里听到事情的始末时，更觉得荒谬无比。我家孩子性格比较随和，如果这样的孩子都受人排挤，那么性格稍微倔强些的孩子，真不知会怎样……

事情发生在初中二年级开学初。有一天，儿子从洗手间出来，不小心碰到了一个学生的肩膀。儿子觉得双方都是无意的，也就没当回事，直接回到教室。没想到那个孩子一直跟到教室，逼着儿子认错。看到体格健壮的学生威胁自己，儿子多少有些胆怯，但想到自己并未做错，而且在众目睽睽之下也不甘示弱，竟与其针锋相对起来。没想到那个孩子直接把他拽到走廊一顿乱打。据说那个学生是刚转学过来的，在以前的学校就有品德问题。

儿子被打时，没一个人上前劝阻，围观者都抱着观战的心态。想到当时儿子无助的心情，我现在还一阵心疼。幸好老师及时出现，儿子才脱离险境，不过两人都被老师拽到了教务室。教务老师说，不管事情的经过如何，在学校打架毕竟是不对的，所以两人都要写反省书，并且惩罚他们打扫花坛一周。

我觉得老师的做法也很让人失望。一个是殴打别人，一个是冤枉挨打，凭什么两人一起受惩罚？老师的不公平处理方式，实在是让人生气。我问儿子为什么没有马上告诉我这些事，儿子却哭得很伤心。

"我害怕告诉妈妈后，妈妈也和老师一样骂我、训我。我觉得很委屈、很憋屈，但是谁也不安慰我，告诉我不是我的错……所以，我就自己忍着谁也没告诉。"

可是事情并没有如儿子期望的那样简单。那个学生继续折磨儿子，理由是"谁叫你不道歉，那我就一直教训你"。一到课间休息和午休时间，他就来挑衅，而且还带着几个同伙。儿子变得更加畏缩，事态也变得日益严重。因为曾经遭受老师的训斥，儿子也不敢跟老师发出求救信号。以前一起玩的那些伙伴，看到儿子被人欺负，也一个个避而远之，以至于后来基本上没人愿意跟他说话了。他们怕和儿子一起玩会连累自己。这还像话吗？

期中考试儿子的成绩一落千丈，人也变得沉默寡言，一天天瘦下去。我很担忧，问他是不是有什么事，他也不说话，每天都忧心忡忡的样子。我还以为可能是青春期特有的现象，没太往深处想，也根本没想到会是校园暴力和排斥给孩子带来的痛苦。现在一想到这些，我就恨自己这个当妈的太粗心大意，太不关心孩子了。这种事谁也不能保证不会发生在自己孩子身上，都怪我太粗心了。

好在班主任后来了解真相之后，马上联系了我，否则我还一直蒙在鼓里。那样的话，真不敢想象将来会发生什么事情。那个问题学生最终被勒令退学，双方父母也进行了面谈，并且对方父母也正式道歉并承诺将来再也不会有类似事情发生。而儿子内心受到的伤害，要怎样才能平复呢？想到这段时间儿子所受的痛苦和委屈，我真想以牙还牙，痛快地报复一下。

我想请教一下，这种情况下，父母要怎样做到理性明智，把孩子所受的伤害尽可能降低呢？身边亲朋都劝我干脆让孩子转学，或者接受心理治疗，但我不确定这些是不是最好的办法。班主任说孩子自己能解决好，不必太担心。但我每天早晨在门口送孩子，看着他的背影，我真的很心疼、很难过。

崔孝善　美发师　一位初中二年级男孩的妈妈

读懂孩子心

事不关己高高挂起，父母认识有误区

有段时间发生了许多震惊国民的事情，曾经深受校园暴力和同学排挤折磨的学生，接连走上了不归路：自杀。问题严重到已不能再漠视不管，各界也纷纷表示国家必须出台相关政策来改变这种现状。然而，针对校园暴力，并没有商讨出一个满意的解决方案，只是对受害学生给予一定的安慰，对施害学生加以指责，然后就不了了之了。值得全民反思的问题，却仅仅以个人的不幸画上句号。

人们向来认为，无论是校园暴力的施害学生还是受害学生，都半斤八两。就像苍蝇不叮没缝的蛋，施害学生自有他的理由，受害学生也肯定给了别人可钻的空子。不仅如此，父母们还过于自信，以为自己的孩子一向表现良好，绝不会遭遇校园暴力这种事，从而一副事不关己的样子。校园暴力真的离我们很遥远，只是别人的事情吗？这些父母是否知道，校园暴力通常都是由出人意料的小事引起的，使得一个无辜的人瞬间沦为他人施暴和排挤的对象。

就像上文案例中讲到的那个学生，纯粹是无辜被牵扯进去。好友之间的小误会、朋友开玩笑时没能立刻响应、别人成绩好且受到老师表扬、心理不平衡、同学家境殷实又成绩优秀实在叫人不能忍受……这些都可以成为施暴者口中所谓的理由。

专家称，最初孩子之间"纯粹的玩笑"，最终会演变为恶劣的校园暴力和同学排挤事件。2010 年，青少年暴力预防机构曾针对韩国小学五年级到高二的学生开展"2010 年校园暴力时态调查"，共有 3 560 人参与。当被问及如何成为校园暴力的施暴者时，有 40.2% 的学生回答"闹着玩"。这个数据远远超出了一年前的 33.4%（2009 年统计）。该机构的总负责人称："以闹着玩开始的游戏，为了寻找刺激，会变得变本加厉，手段方式也会变得更加恶劣残忍。"

例如有 3 个同学去取笑另一个同学的缺点。看到同学生气的样子，他们觉得好玩，于是继续折磨他。对被取笑的学生来说，这是一种让他感到不快的行为，而取笑别人者则感到好玩刺激，于是无所顾忌。在整个过程中，没有人出来制止，告诉他们这种行为是不对的，而当事人也并不认为这样做有什么不妥。这种行为一旦反复出现，就会发展为校园暴力。不同于成人世界这种暴力行为，没什么特殊的理由，纯粹只是因为"好玩""无聊"。

校园暴力中没有特定的施害者，也没有特定的受害者。并不是施害学生天生就具有攻击倾向，也并不是受害学生天生就软弱胆小，受害者摇身一变为施害者的情形也经常发生。青少年暴力预防机构出具的一项报表中，多次出现这种事例。比如，一个持续遭到同学欺侮的学生，有一天终于忍无可忍，持刀将对方刺伤；有些学生因为无法忍受对方长期的折磨，于是冲动之下推了他一下，却导致对方受伤甚至摔死。这时，受害学生就突然变成了施害人。

有些孩子则在脱离被人欺负的处境之后，出于报复心理，反而成了排斥别人的主谋。这些学生担心，如果自己不去排斥别人，总有一天会再次成为受人排挤的对象，因此蓄意施害。这些孩子并不会因为过去自己受到排挤时心理痛苦，而想到此刻受自己折磨的对方也会痛苦。想到当初自己处境艰难时，没人向自己伸出援助之手，他们的复仇心理就会更加膨胀，于是向弱者施以更加残酷的语言或肢体暴力。

由此可见，校园暴力和同学排挤，既没有特定的理由，也没有特定的对象，其表现形态也千变万化。谁都有可能成为受害人，同样谁都有可能不知不觉中充当施害人。而让父母始料不及的是，孩子从始至终都暴露在这种险恶的环境中。只是大多数父母都抱着侥幸的心态，心想只要自己的孩子不是当事人就可以，于是持静观态度，等待别人来解决这个问题。对他们来说，国家出面用制度加以约束是最好不过了，但这不太现实。这是由家庭、学校、社会等多方问题盘根交错的事情，除了改善社会结构，学校和家庭也应积极作出反应。

父母和社会，教孩子“排斥”的罪魁祸首

“以后少跟他玩！”

这句话，估计每个父母都对孩子说过不止一次。长相略差、家境不好、出身单亲家庭或者所谓“品质恶劣”的孩子，一律被划定为“不许一起玩”的范围。父母们唯恐这些孩子将来会把自己的孩子带坏了。

这无疑是父母出面给孩子划定了界限。父母的判断依据，无异于教孩子学会给特定的孩子烙下特殊印记。所以从幼儿园开始，孩子就按照妈妈的吩咐自然地排斥某些小朋友。

在幼儿园，孩子第一次尝试集体活动，正是学习互助和协调的时期。借此，他可以走出自我为中心的圈子，开始意识到“我们”，并逐渐形成社会群体意识。而在这个关键时期，父母偏偏教孩子远离那些于己不利的人。

也许父母的本意并不是这样，但就其结果而言，是让孩子学会根据自己的利益区别对待别人、轻视别人。而孩子根本没有能力认清这其实是一种偏见。随着年龄增长，这种偏见意识会越来越强烈。而随着贫富

差异日益加大，父母划定的“不许一起玩”的对象也只会越来越多。正是人间的至亲，给孩子注入了强者为尊、权力至上的观念。

对孩子来说，所谓“强者”，就是学习好、家里有钱的同学，或者是在学校打架出了名或者人气高的同学。而这种孩子毕竟是少数，大部分的孩子，学习既不出色，家境地位也不显赫。如果遵从强者逻辑、权力逻辑，那么大多数孩子注定是败者、弱者。为人父母者，都希望自己的孩子能成为强者和胜者，因此希望自己的孩子能跟优秀的孩子一起玩。而事实上，这无疑是给孩子贴上了“败者”“弱者”的标签。这种标签只会带给孩子自卑感和挫败感。可悲的是，弱者之间也要彼此竞争。除了和强者竞争，弱者之间也要相互竞争，那么，最后生存下来的，究竟能有几人呢？

出现这种情况，父母有不可推卸的责任，而更大的责任，在于国家和社会，是他们让教育不再纯粹，沦为竞争的角逐场。面对学历至上的残酷现实、竞争激烈的社会生活，我们无一例外都是受害者。如果要从根本上改变这个状态，不仅要改变教育制度，还要改变以学历论英雄的社会现状。

不过社会和国家的问题，并不是我在这里所要谈论的话题。我只希望父母能意识到，想要彻底解决校园暴力问题，就不能再抱着“事不关己高高挂起”的态度，而是人人都去关注它并伸出援助之手。

专家为你解忧

解决方案 1：不要等孩子开口，父母要注意观察异常征兆

校园暴力之所以可怕，是因为谁都有可能成为受害者。有些父母心存侥幸，觉得自己孩子不至于卷入这样的事情，但最好丢掉这种想法，平时还应多观察孩子是否出现异常表现。

“由于害怕，遭到同学打骂和欺负时也没敢反抗。要是爸妈知道了，肯定以为我是被排斥的‘问题少年’，觉得我丢人，所以不敢告诉他们。”

那些深受校园暴力和朋友挤兑的孩子，通常都没人可倾诉和求救，只能自己默默承受痛苦。“被同学当成透明人是丢人的事儿”“怕同学报复”“感觉对不起爸妈”“怕爸妈担心”“怕爸妈说我”“怕把事情闹大了”“说了也是白说，没用”这些想法，导致受害孩子只能把心扉紧锁，默默承受痛苦，一天天消沉下去。一旦达到承受底线时，就很有可能做出极端的事情。

“这算什么理由？不管怎样也要跟爸妈说啊。”可能有些父母觉得孩子的这些理由让人莫名其妙。但当孩子亲身经历这种事情时，确实是悲观无助的。从孩子的立场来说，对父母开口并不是轻松的事情。

所以我劝父母，平时要多观察孩子的校园生活表现、朋友关系和放学回家后的表现。一旦发现以下现象和征兆，就要更加密切观察他的言行，及时和孩子交谈或与老师沟通，以了解具体情况。

经常会弄丢贵重的衣服和鞋子、昂贵物品

高价的服装和物品，经常会成为施害学生的目标。如果丢失这些昂贵物品的事情反复发生，父母就应该格外留意一下。当问孩子具体情况时，孩子可能会找借口，不想正面回答，这时父母要耐心引导，从而了解真正的原因。

孩子身上经常会看到淤青或伤痕

一旦发现孩子身上有大大小小的伤痕或者瘀青，父母就要警惕了。如果孩子支支吾吾，说自己由于撞到了或磕碰到了而受伤，那就很有可能是遭到暴力。如果他的脖子被别人掐过，从正面可看到“V”字形指痕。如果是挨了别人巴掌，他的耳根看起来会像被挠一样发红。如果受伤情况严重，即使孩子不肯坦白说出来，也要先去附近的医院就诊。医院出具的诊断书，将成为日后证实校园暴力事件的重要证据。

突然提出转学或退学

通常孩子提出这种要求时，父母会急着教训他“不要瞎折腾”，只顾专心学习就好，根本不想了解具体原因。其实孩子是因为想要逃避当前受人欺负的现状，渴望重新开始，才会想到这种方法的。好不容易开口，父母却不予理会，甚至毫不客气地予以否决，于是干脆自暴自弃，闭口不说。

当孩子提出这种要求时，父母要认真问其原因，这点很重要。父母尽可能宽容一些，承诺孩子如果理由合理，可以考虑。父母的这种包容态度，会让孩子除去心头的顾虑，如实讲出内心的烦恼。父母应注意倾听，并了解事情的始末。

借口生病不肯上学

深受校园暴力迫害的孩子中最常见的现象，就是不愿意上学。而父母以为这是孩子为了偷懒编造借口，于是训斥孩子。我们并不排除孩子耍小聪明的可能性，但一旦这种情形反复出现，父母就要引起注意。仔细问问孩子不肯上学的原因，如果得不到满意的答复，可以直接与班主任联系沟通。孩子向父母倾诉，通常因为渴望父母能关注自己的问题，得到他们的安慰。而父母不但不留意孩子的内心状态，一味强迫孩子“必须上学”“事在人为”，他会认为爸妈并不是站在自己这一边，从而感到孤独无助。

教科书或日记本上出现“整死你”“死了算了”等涂鸦

深受同学排挤和校园暴力的孩子，通常会在日记或涂鸦过程中本能地流露自己的痛苦。比如上课时突然想起自己所受的折磨，于是会在教科书上乱写，或者在日记本上诉说自己的痛苦和孤独，还会写出自己的复仇方法。父母一旦发现了这种情况，请务必保管好原件，如果有难度，至少要保存复印件。将来拜访老师了解孩子状况时，这些会为成为有力的证据。

借口买文具或书，隔三差五地索要零花钱

通常，校园暴力除了身体上的暴力，还会发展到钱财勒索。施害学生向受害学生索要钱财或物品。所以孩子才会借口零花钱弄丢了，要买参考书或文具等，向父母索要零花钱。如果这种事情频繁发生，就要怀疑他是不是在学校受到钱财勒索。

突然热衷于网上聊天

现在的孩子基本上都用短信或 MSN 来交流。如果从某个时期开始，孩子的短信或 MSN 使用频率突然加大，且突然表现得极富攻击性，那么很可能是受人恶意跟帖。虽然说脏话对现在的孩子来说已比较普遍，但有时很可能是他不堪忍受施害人粗鲁的言行攻击，不知不觉用脏话还击。遇到这种情形，父母可以把 MSN 聊天画面截图保存，或者把短信内容拍照，保留证据。对方的网名和电话号码也必须记下来，由父母出面制止对方，或者直接向网络警察报警。

如果孩子总是神情忧郁、无精打采，成绩下滑，或者有电话打来，确认号码后表情突然变得僵硬，躲到自己房间，或者经常在接到半夜打来的电话后出门……这些都可能是遭受校园暴力的表现。

通常，青春期的孩子和父母交流得越来越少，喜欢独处。但如果出现了上述行为，父母就要留意一下，是不是自己的孩子正在遭受校园暴力的折磨。父母要做好充分的心理准备之后找孩子面谈，不过千万不能劈头盖脸地问："你是不是受到校园暴力了？"通常这样直接质问时，孩子会急于辩解和否认，不愿如实坦白。因为他也觉得受欺负是丢人的事。

解决方案 2：知道孩子遭受校园暴力后，第一时间该做什么？

孩子之所以不肯轻易告诉父母自己受欺负的事情，是因为怕受到责备。在外受到欺负，已经感到压力很大了，如果爸妈也不理解自己，只是责骂，那怎么办？正是出于这种担心，孩子才不肯轻易坦白被欺负的事实。即使鼓起勇气告诉父母，如果他们不但不同情反而一味责备，孩子就会变得更加胆怯、畏缩以至绝望。对于情绪和心理处于躁动状态的青春期孩子来说，遭受校园暴力，本身已很痛苦，父母再不理解，不能为自己解决问题，孩子会觉得被父母抛弃。他会开始怀疑自己的存在是不是有意义，很容易把一切归咎到自己身上，把愤怒发泄到自己身上。

所以，父母在发泄自己情绪之前，务必先考虑一下孩子的心情，一言一行都需要格外注意。虽然孩子受到的痛苦不能挽回，但是根据父母的反应和处理方式，事情是可以出现转机的。

对于孩子承受的痛苦，父母应理解且感同身受

媒体上曾报道“一起行动，珍爱自己”行动的倡导人陈珍渊女士的事迹。早在学生时代，由于受到校园暴力的迫害，她曾5次企图自杀。长大成人之后，她依然没能摆脱校园暴力的阴影。她深受其苦，甚至患上了抑郁症。而当她成为人母，有一天得知自己的孩子也成了校园暴力的受害者之一时，她是多么震惊与绝望！不过她还是强忍住内心的愤慨，紧拥着孩子，告诉她：“孩子，这不是你的错。”

“女儿告诉我她在班里受到同学欺负和排挤时，我的大脑一片空白。这件事给我打击很大，以至于当时我愣愣的，竟听不到任何声音。我知道对于深受校园暴力痛苦的孩子来说，父母的第一反应很重要，因为他通常会认为爸妈会感到失望。我把女儿紧紧地搂在怀里，告诉她，这不是她的错。”

不管事情的经过如何，孩子要把自己所承受的痛苦讲给父母听，需要很大的勇气。父母在听孩子讲述事情的经过时，也同样会感到难过，但此时最重要的并不是父母的心境如何，而是孩子感受如何。

父母要认真倾听孩子的倾诉，真诚地拥抱和安慰他，对孩子一直以来默默承受的痛苦感同身受，让他把所受的委屈、难过、孤独无助、侮辱等统统释放出来。对孩子来说，父母能够理解自己，本身就是莫大的安慰。父母要对孩子如实讲出事情经过表示欣慰，这样孩子也会庆幸自己告诉了父母，对爸妈也会加深信任感。原本他以为校园暴力中自己是孤独无助的，只能默默承受，如今身边多了支持和理解自己的人，会深受鼓舞。他以后再面临同样的遭遇时，也就具备了灵活应对的勇气和心智。

特别是当孩子遭遇到语言暴力和同学排挤时，更需要父母深深理解。语言暴力不同于物理暴力，施害人在运用语言暴力时，并不会感到问题的严重性，更不会有犯罪意识，反而会讽刺受害者心胸狭隘："开玩笑的话还当真，小气鬼。"于是，受到排挤和语言暴力的孩子，尽管心里很难过，也会怀疑自己是不是真的太小气了，因此不敢主动采取应对措施。如果是口齿笨拙或者身材瘦小的孩子，一旦遭受语言暴力，就更不能针锋相对了。语言暴力带来的内心压力，加上孩子自己不能勇敢面对的退缩和自责心理，有时还会引发精神上的问题。这种无形的语言暴力不同于身体上的施暴，很难收集具体的证据，而它所造成的心理伤害，却会给受害学生带来更大的痛苦。

遇到这种情形，父母要对孩子当时的处境给予充分的理解和包容，并安慰孩子："妈妈觉得那些孩子说的话太伤人、太没礼貌了。""是他们做得不对，你生气也完全应该的。"

千万不要以为，受害人自身有问题才会招致他人的暴力

发现问题时，先从自身找原因而不是去责怪别人，这种态度是好的，但校园暴力应该另当别论。"肯定是你自己得罪了人，才会这样！"父母这种认识，无异于把错误归咎于受害孩子身上，这简直是把他推向悬崖。对于同学排挤和校园暴力，讨论谁先做得不对，并不是问题的关键。因为校园暴力的受害人，往往并没有特殊原因，只是因为"很倒霉地成了替罪羊"。

退一步讲，即使受害学生自身存在一些过失，导致他人暴力攻击，但校园暴力或排挤他人的事情毕竟属于施虐行为，是绝不能容许的。而父母不顾这些，把责任全推到受害孩子身上，不仅给他带来挫败感，也会造成更大的内心伤害。“肯定是你自己有问题，别人才会那样对你。”“是不是你自己做错了什么？”“就因为你这样，别人才会欺负你、排挤你。”

的确，自己的孩子肯定也有做得不对的地方。但是这些问题等到暴力事件解决后，慢慢再反思和改过也不迟。当前最重要的是，孩子正处于痛苦的深渊不能自拔。孩子遭受校园暴力的事情被发现时，老师、朋友和家人的反应，尤其是父母的第一反应很关键，它会直接决定孩子受伤的心灵是否能顺利恢复。如果父母把遭到校园暴力的事情当成全家的奇耻大辱，那么孩子就会感到绝望和无助，因为连最亲密的家人也不能成为避风港。

当孩子向父母倾诉时，请拥抱他，给他最真诚的安慰。不要质问孩子的是非过失，安抚孩子所承受的伤痛再说。告诉孩子，有爸妈陪他一起解决问题，他不会感到孤单和孤独，从而给孩子注入勇气。

不要感情冲动，要理性解决

听到自己的孩子在学校遭到暴力攻击时，没有哪个父母能够镇定自若。即使是努力克制自己，告诉自己要淡定、理性，也会在听完孩子倾诉后愤怒不已。不过千万不能冲动行事，因为这不是父母自己的问题，而是关系到孩子的切身利益，所以更要理性对待。

不过，在现实中，许多父母却抱着以牙还牙的态度，恨不得替孩子报仇雪恨，从而变得感情用事，有些父母甚至直接对施暴学生拳打脚踢。这种做法，除了解一时之气外，并不能解决根本问题，反而会因暴力行为被对方起诉。也有些父母，遇到这种事，就直冲校长办公室，质问校长和老师躲到哪里去了，甚至把办公室弄得鸡犬不宁。虽然校方不至于报警，或者采取其他法律措施，但是受害孩子将来如何在学校顺利完成学业，恐怕是个未知数。

另外，由于受害学生父母的冲动行为，弄得满城风雨，孩子不但受到别人的耻笑，还会被老师们疏远和冷待。所以用这种以牙还牙的方式来对待施暴学生，或到学校闹事，只会把事情搞得更不可收拾。

直接把施害学生交给警方处理，也会让事态恶化。施害学生的父母就算再通情达理，被逼得太急，也会演变成更大的纠纷。如果受害方拿不出有力的证据，施害方是不可能承认错误的。不仅不承认，反而会贼喊捉贼反咬一口，“就这副蛮劲，受人欺负也活该”。要知道，施害学生的父母怕自己的孩子落下不好的名声，绝不会为没有确凿证据的事情认错。另外，父母去学校闹事，学校为了不影响自身形象，会尽可能息事宁人。虽然解决问题有一定的难度，如果沉着应对，也可能得到施害学生真诚的道歉，并且根据受害程度达成合理的协议。但是如果因为一时冲动而做出不理智的事情，小事也可能发展为到法院对峙。

一旦闹到法庭，双方都会深受煎熬。审判时期短则一两年，长则七八年。而这段期间，孩子至少要被法院传讯七八次，以提供证言。每次作证，孩子都会想起过去痛苦的经历。韩国法律目前还没完善到像国外那样，可以把证人的陈述录音后作为证据，所以除非案子了结，否则孩子就要一直被法院传讯出庭作证，一遍遍重温痛苦的回忆。孩子怎么可能抚平内心的伤痛，怎么可能静心完成学业呢？

诸如校园暴力、同学排挤等不幸事件，能不发生当然是最好的了。一旦发生了，请先不要冲动，当务之急是要尽快、理智、有效地处理问题。尤其是受害学生，会担心施害人报复或被别人笑话。因此，解决问题时，要把焦点集中在如何帮助孩子克服内心伤害以及如何为他营造没有暴力的校园氛围上。

弄清受害真相，搜集有效证据

了解孩子的受害事实，并且和他充分交谈之后，当务之急就是收集可靠的证据，这比去找施害学生问罪或者找老师面谈都重要得多。没有确凿的证据时，施害学生不可能乖乖认错，校方的反应也会不冷不热。而二者的这种态度，很可能刺激受害人父母做出不理智行为。

在安抚孩子并让他情绪恢复平静之后，让他把当时的经过详细地记录下来，并且问问以前是不是有类似情形，如果有，也一并记录下来。

如果孩子遭到了身体上的暴力攻击，去医院就诊后，请院方开具诊断书。另外，孩子平时写的日记或涂鸦文字，施害学生发来的恐吓短信、MSN内容、恶意留言等，都要进行截图和保存。另外，访问可提供旁证的同学时，要做好录音，尽量请对方写份陈述书。遇到这种事，旁观孩子很有可能前后表述不一，所以要尽可能早点找他们沟通交流。

等到所有可靠的证据都收集妥当之后，再去和老师沟通，请校方出面帮忙解决，最后再去找施害学生的父母。面对确凿的证据，对方就不太可能再狡辩而乖乖认错。因此，搜集证据时，哪怕是小小的细节也不应放过，将来万一闹上法庭，这些都将成为有力的证据。

解决方案 3：要和孩子协商决定解决方案

孩子的情绪一旦恢复平静，父母就可以和他一起商讨如何解决的方法。因为父母有父母的想法，孩子肯定也会有自己的一套方案。

有些孩子可能会要求父母暂时不要插手，尽可能静观事态发展，自己会尽量解决好；有些孩子可能希望父母去学校交涉以解决这个问题。具体的解决方法，根据孩子的性格和受害程度，必然会有所不同。如果孩子的意见和父母的意见有些出入，也要尽量尊重他的想法。虽然在父母看来，孩子自己解决会显得更吃力，但如果他要求尽量自己解决，最好还是放手旁观。

可以告诉孩子，一旦感到自己吃不消，就立刻告诉爸妈。有些孩子可能报复心切，希望父母能狠狠惩罚施暴学生。这时父母不要一味地指责孩子，要耐心地向他解释这样做为什么不好。

也有一些孩子，遇到校园暴力时，试图用转学或退学的方式来解决。这虽然不是坏主意，但并不能从根本上解决问题。信息时代网络发达，即使是换个住处，也会很快被人知道。如果在原来学校的事情没有得到彻底解决就转到其他学校，这种逃避问题的做法，不仅可能会让孩子在新学校受到嘲讽，也很可能让他遭受第二次伤害。因此，如果孩子提出转学或退学，用逃避的方式来处理问题，那么可以引导孩子等事情解决之后再考虑是否转学和退学。

把受到校园暴力的事实告知班主任，并请求帮助

解决校园暴力和同学排挤问题，需要班主任和校方的帮助。毕竟抚平孩子的创伤，让他维持正常的校园生活才是最重要的。即使因不能和施害学生父母达成合理的解决方案而不得不走上法律解决之路，也要先通知校方，并与其积极协商后再决定。与校方沟通之前，更重要的是先收集好受害证据，越详细越好。

通常，这个环节很容易被父母忽视。以为只要和校方沟通，就能得到圆满解决，于是不重视搜集证据。千万不要以为自己是受害方，校方就一定会站在自己这边帮着自己说话。毕竟，施害学生也是这个学校的学生。因此，在正式向校方告知孩子受到暴力攻击的事实之前，最好先咨询专门的校园暴力咨询机构，了解具体的解决方案。等搜集好相关证据，并确定好具体的解决方案之后，再去联系校方。因为在没有确凿的证据之前,校方不会积极回应。由于证据不足,无法追究施害学生的责任。也有一些施害学生，可能很快就会承认错误，却狡辩是“朋友之间随便闹着玩的，不要当真”。如果出现这种局面，不管是谁，都很难采取进一步行动了。

在无法提供确凿证据的情况下，就向校方反映受害事实，校方就很可能只是凭感觉来判断，息事宁人的可能性也会很高。如果出具了相关物证，无论是老师还是校长，都会站在受害学生的立场，力求公正地处理事件。所以希望校方做出有力的回应并提供援助，必须做好缜密的计划，并收集好相关物证。另外，在与施害学生父母交涉时，这些物证也可以成为索要治疗费等赔偿金的有力依据。

问题解决后，要抚平孩子内心的创伤

遇到这种事，通常人们认为只要施害方认错和赔偿，并作出不再重犯的承诺后就万事大吉。但是和施害方协商和妥善处理，只是解决问题的开始而已。实际上，校园暴力和同学排挤现象给孩子造成的精神打击，远比想象的要严重得多。青春期正值人生脱离儿童状态、重塑自我的关键时期，无论是精神上还是心理上，都处于极其不稳定的状态，此时如果遭遇校园暴力的攻击，受到的打击程度远比成人要高出很多倍。如果父母放任不管，就会给孩子的价值观、品格、思维模式以及行为方式等带来负面的影响。

这种伤害不仅对受害者，对施害学生以及当时旁观的学生都会产生同样的影响。因此在对待这个问题时，不仅需要每个相关家庭的积极努力，还需要社会相关机构的专业引导和援助。遗憾的是，目前在韩国，只针对施害学生设有专门的引导机构，而对于受害学生，相关的专业性治愈机构却相当缺乏。更值得反思的是，人们对接受心理和精神治疗必要性的认识还很不到位。

尤其是校园暴力的受害学生，接受心理专家的援助对其心理痊愈很有必要。比如本地区的青少年中心会开展一些针对青春期孩子的咨询项目，参与这样的活动对改善孩子的心理状态很有帮助。只是大部分父母在孩子经历这种事情后，看到他按常上学，于是自欺欺人地以为已经不存在什么问题了。再者，在韩国，对精神治疗和心理治疗相当排斥，让孩子接受心理治疗，父母会觉得是件不光彩的事。事实上，在妥善处理暴力事件后，由于当时受到折磨和欺负瞬间的情绪被完全保留了下来，受害学生内心的不安、忧郁、恐惧，仍会残留在心里，让他继续遭受心理上的另一重折磨。

更令人担忧的是，持续暴露在受排挤和暴力环境中的孩子，不知不觉中会顺应和屈从不合理的事情，变得意志消沉，对自己产生厌恶心理。对他人欺辱自己的愤怒、对自己敢怒不敢反抗无能表现的厌恶，二者交织在一起，让孩子在内心痛恨自己、想要消灭自己。

由于自尊心和自信心被贬低到极点，孩子在面对其他事情时，也会变得消沉。一旦意识到别人不会再攻击自己，内心强压的愤怒和复仇心理会瞬间爆发，变得极具攻击性。他不仅会攻击其他同学，也会对父母兄弟姐妹施行暴力。此时，如果父母不努力寻找原因，而是急于批评和责备孩子，他就会对父母产生怨恨情绪，并陷入更大的深渊。

受害学生要克服心理创伤，往往需要很长的治愈期，也需要身边亲人的积极帮助和关心。尤其是父母，应理解孩子内心的痛苦，和他多交流。虽然孩子极力掩饰，但其内心多多少少还是会因为自己遭遇的事情抬不起头，也对自己没有奋起反抗而心存悔意。所以父母有必要反复强调，这种事与他没关系。“你成为受害者，这并不是你自己的错。你所受的痛苦是不公平的。”反复告知孩子这些内容,直到他完全理解和接受。并且告诉他，当遇到这种不合理境遇时，要理直气壮地表达自己的立场，告诉对方“不可以”。最重要的是，给孩子信心和勇气，帮助他正确对待暴力行为。

父母对孩子也应给予持之以恒的温暖关怀和心理支持，直到他走出委屈、低迷的心境，恢复当初的自尊感和自信心。反复传递爱的信息，告诉他,无论如何,爸妈将永远爱着他,守护着他。有了父母的有力支持，孩子一定能恢复往日的信心。

第二篇

改善和维持亲子间的关系

在学校跟朋友有说有笑，一回到家就变成了“闷葫芦”，要怎么做才能让他主动说话呢？

“我的事不要你管！”可到头来没一样做得像样的，难道真的放任不管吗？

说多了嫌你唠叨，不说吧真担心他会学坏，如何才能把握“说”与“不说”的度呢？

第7章

面对回家就变成“哑巴”的孩子

妈妈口述烦心事

“过去那个叽叽喳喳的小甜心如今变成了陌生人”

我老公是个寡言少语的人。说得夸张一些，就像笑话里所说的那样，回家就会说“孩子呢？”“开饭！”“睡觉！”再不会多说一句话。开始，因为他这种性格，我们夫妻俩还大吵小闹过不少次。我想，他就算不像别人家老公一样体贴温柔，毕竟夫妻俩过日子，多说几句也很正常吧？后来，日子久了，我也就慢慢习惯了。没想到现在女儿又是这副模样，真是让我操心得很。

别人都说孩子一旦上了中学，就进入了青春期，都会变得沉默寡言，但我觉得女儿变化也太大了。早晨上学时，她只说一声：“我上学了！”晚上回到家再报一声：“我回来了！”一天基本上就只说这两句。一放学，她就径自躲进自己屋子里，像是房间里藏了什么宝贝似的，就再不出来了。坐在一起吃饭时，她也只顾着扒着饭，吃完就忙不迭地又躲进自己房间里。开始时我还只是担心，现在却觉得女儿的这种做法也太气人，太叫我伤心了。

其实女儿以前并不是这样的。要是她打小就寡言少语的话，我倒也能理解她现在的做法了。要知道，以前她可是放学回家后就一直跟在我屁股后面，叽叽喳喳地说个不停。从同桌好友的趣事到老师坏话，话匣子一旦打开，就没完没了。可是仅仅几个月时间，就像变了个人似的。别人家也有正值青春期的孩子，但是我还没听说哪家孩子像我女儿这样表现极端的，顶多是谁家的孩子爱发脾气，谁家孩子爱在穿衣服上花心思，但没见过谁家孩子像我女儿这样干脆变成“哑巴”的。

几天前，学校发了期末考试成绩单，女儿成绩很不理想，于是我把孩子叫过来想和她好好谈一谈。她的成绩和第一学期相比，落下了半截，怎能不让我生气呢？我照她的要求，还特意给她找了个数学家教，花了不少钱，不过她的数学成绩竟然没达到平均分。

真搞不懂她在家教辅导时到底学了什么，成绩这么差。我质问女儿，她却什么也不说。我说你倒是给个理由啊？可这孩子还是耷拉着眼皮一动也不动，就像铁了心要左耳进右耳出似的。我心想，以她现在的成绩，就算是乖乖跟我认错我还未必能原谅她，她倒好，竟然一副傲慢的态度。老师您说，我这个当妈的能不生气吗？所以我忍不住狠拍了她后背几下。没想到女儿突然怒目圆睁，大声叫道：

“妈一点也不了解我。就知道学习！学习！学习！是不是我变成什么样子你都无所谓，只要学习好就行？”说完便冲出家门。我被女儿的突然举动吓得愣愣地待在原地。

我承认打孩子是我不对。但是她凭什么这么理直气壮，还怪罪起我这个老妈来？真令人费解。你说孩子成绩一落千丈，哪个父母能不生气呢？还有，她有问题不可以说吗？什么也不说，还怪我不了解她！还大喊大叫的。总之，从那天以后，就连早晚说的那两句问候语，她也干脆省略掉了。

真搞不懂我到底是怎么得罪了女儿。一直以来，对这个独生女儿，我都是视为掌上明珠，疼爱有加的。要说是青春期，谁没有那个时候，至于这样兴师动众吗？

我想请问专家老师，孩子这种表现，是因为青春期的来临吗？还是有什么难以启齿的烦恼？为什么不能对自己的父母讲讲呢？您说我要怎么做，才能让孩子把心里的话说给我听呢？等到度过青春期了，她还会像以前那样愿意跟我说吧？

高胜雅　公务员　一位 11 岁女孩的妈妈

读懂孩子心

都是“缺少高质量交流”惹的祸

父母：“我知道在家里不愿说话，是青春期孩子特有的表现。即使没有什么特别生气的事，或者不舒服，只要一回到家，孩子就直接冲进自己的房间，不肯出来。虽说以前话也不多，但至少爸妈问他时，还能有问必答，如今他的话竟变得电报文似的简短又干脆。脸上始终布满忧郁的神色，要么就像生气似的满脸愁容。我和他爸还担心孩子发生了什么事情，变得什么事都要看孩子脸色。他倒好，跟同学通电话时，又说又笑的。看到孩子这样，我和他爸都觉得有种被疏远的感觉。为什么这个时期的孩子，回到家就不想开口说话了呢？”

孩子：“说了也是白说，免不了一顿打。他们也不可能理解我。根本没法沟通。只要是我说的话，不管是什么内容，爸妈都不可能认可的。对他们来说，学习好的孩子说的话，就百分之百有道理，像我这样成绩差的孩子说的话，统统都是借口、辩解、谎话。所以，最好的办法是不跟他们见面，那样还舒服些。”

在孩子看来，和父母之间没法沟通，所以干脆什么也不说，直接略过。要是父母知道了孩子的想法，恐怕都会露出哭笑不得的表情：都是为了孩子好，想让他改掉坏习惯，怎么还“好心当成驴肝肺”了？

那么，在孩子眼里，父母是什么形象呢？

大部分孩子眼中的父母，都是这样：“想方设法挑我毛病！”“只要我一犯错，就暴跳如雷！”“只要不乖乖服从，就不把我当成好孩子！”“总是拿我和别人比！”

孩子对父母的印象如此，怎么可能听进爸妈的话呢？善意的提醒被当成责备，警告则变成了“无休无止的唠叨”。父母因为担心而说出的话，也往往被他误解和歪曲。究竟是什么，导致这样的结果？父母可是一心为孩子着想的啊，孩子也未必就是铁了心要和父母作对，难道不是吗？

原因有很多种，但最为主要的，就是彼此间缺少交流。说得具体一些，就是缺少高质量的交流和沟通过程。所谓“高质量的交流和沟通过程”，是指在尽情的交谈中，分享彼此的想法和感受，寻找双方的共同点。缺少了这种交流，就无法流畅地沟通，从而产生误解。当然，这种交流并不是简单的事情，也并不是一味说或倾听就能实现的。想要确保高质量的对话效果，就要以彼此尊重为前提，保持平等关系。

从上下关系变为平等关系

朋友关系是典型的平等关系，而上下关系则是对立关系或者是其中一方无条件服从另一方。在平等关系中，任何一方不会因为对方和自己想法不一而诋毁对方。同时，双方都懂得倾听，或者认可，或者对不赞同的部分提出异议，并耐心说服。只有做到这一点，朋友之间的对话，才能圆满进行，高质的对话与沟通才能实现。

父母们不妨回顾一下，在与孩子对话时，是否给了他足够的尊重和真诚？可能大多数父母都是抱着这样的想法：“我说的就是真理，小孩子家懂什么？听我的没错。”这种想法没有民主可言，根本就是军队似的无条件服从。在部队，由于服从命令是军人的天职，所以士兵必须服从上级命令，但如果换了孩子，面对这种专制，恐怕都会表现出抗拒和反感。

要想让孩子敞开心扉，就要让亲子关系从上下专制型转变为横向平等型。只有这样，双方才能进行有效的对话和交流。唯有这样，才能彼此沟通，才有可能化解彼此间的误会，改变在对方心中的不良印象。

随着对父母的认识改变，孩子的反应也会发生变化。从亲子关系变为平等关系的那一刻，父母就迈出了成为贴心顾问的决定性一步。顾问式父母不会用喊叫、唠叨和命令来吓唬和强迫孩子，而是用身体力行和真知灼见来引导孩子。

问题是，有许多父母对于将上下关系变为朋友似的平等关系表现出抗拒和不安。他们担心一旦降低了身份，就会有损父母的权威，原本不听话的孩子恐怕会变得更加难以管束。如果说得再直白点，就是“怕麻烦”。

对父母来说，和孩子保持横向平等关系，是一件麻烦的事。的确，孩子过去一直好好的，突然不听话，不排除青春期的因素。但不能因为这样，每次都把问题归咎于孩子，并试图把问题简单化。

可能有人会反驳：“父母平时忙里忙外，哪还有时间和精力去听孩子说那些陈芝麻烂谷子的事？还要耐心地去说服他们，实在太麻烦了。就像以前一样，孩子做错什么事，直接教训一顿不就行了吗？”“我们早就习惯了这套方法，何必要换个方式，弄得这么麻烦？孩子不听大人的话，那是孩子自己的错，我们当爹当妈的，已经做到仁至义尽了。”这就是父母内心的真实想法。

所以一直抱着专制的教育方式不放，尽管这套方式已经老掉牙，根本起不到什么作用，反而对孩子有害。

如果孩子正值青春期，父母还不能改善亲子关系，那么将来这种彼此间的不和谐会一直持续下去。以为只要过了青春期，孩子会像以前那样乖乖听话，这只是大人毫无根据的一厢情愿而已。孩子每个阶段都会发生变化，现在如此，将来也会如此。如果父母不改变自己，一直按照老办法来，那么只能是和孩子越来越疏远。

在这世上，父母和孩子是最亲的人。为什么原本亲密无间的亲子关系，一旦孩子长大成人后，就变得生疏冷漠？这是因为一直沿袭下来的“服从和顺从”的育儿方式贻害了一代又一代。

而如果父母和孩子能保持平等的关系，彼此信任，经常进行有效的沟通与交流，即使时间流逝得再多，浓浓的亲情也不会改变。要知道，孩子之所以不听大人的话，并不是因为他已经长大成人，而是因为他不再信任自己的父母。

孩子变得沉默不语，不仅说明他不愿开口交流，更意味着他紧闭心扉。除非是从根本上解决问题，否则事态很难有进一步的改观。因此，父母首先要努力改善亲子关系。

专家为你解忧

解决方案 1：与其大吼或唠叨，不如换个语气、换句话说

就业难已经远远超出了我们的想象。越来越快速变化的世界，让人们心神不宁。如果要让孩子在这个世界上生存并站住脚，意味着必须让他具备更多的能力。如果希望他将来顺利就业，不但要成绩好、外语好，实践经验丰富，还要善于打理有价证券，具备创新精神，有主见，有个性……不过，拥有这些素质并不比别人拥有更多优势，因为在未来，这些能力只能说是立足社会必需的基本技能。

孩子却完全不顾父母的这种苦心，依然游荡于网吧和游戏厅。而父母看到孩子不醒悟，只顾贪玩，其心情可想而知。和孩子好好谈谈？提高孩子的学习主动性？这些都是不错的想法，但是没时间啊！现在哪还有时间把精力耗费在其他事情上？想到这些，父母就坐立不安，于是直接出击，把干扰孩子学习的因素统统清除掉，要求他一门心思埋头做好功课。在这个过程中，父母甚至不惜动用武力。

然而，对于父母的这种做法，孩子会怎么想呢？“天天就知道要我学习、学习！总是拿我和他们那时候比，考完试了还逼着我学习，整天唠叨个没完。说什么这样才能考上好大学，真是烦都烦死了。我又不是偷懒，还总冲着我发脾气……弄得我真的不想再学了。现在我干脆不想理他们了，免得说错话，还招来一顿唠叨。”

"上次给他们看了成绩单，一个劲地问我为什么成绩会下降。我告诉他们这次试题比较难，虽然我的平均分不如上次，名次还是老样子，但大多数同学的成绩都不如以前。可没等我说完，他们就打断了我，说我胡扯！既然不相信我，那为什么还要问我呢？最终还不是要按照他们的意思来做吗？我知道我也有做错的时候，但是可不可以好好说？大人就了不起了？可以冲着孩子乱喊乱叫？现在只要一听到我妈的声音，我就心里发慌。所以，干脆还是什么也不说为好。"

父母对孩子最大的误会，就是以为他讨厌学习。的确，没有几个孩子是天生愿意学习的。但这并不意味着他不了解学习的重要性。尽管学习很枯燥，也很累，但他依然很努力。其实，真正让孩子感到疲惫的是，父母一味强调学习的态度。他们和孩子谈论的大部分话题，除了学习，还是学习。无论刚开始是以什么内容开头，最后的话题总是会落在学习上。

父母可能会辩解，他们并没有强迫孩子学习。平时也很注重和他分享有关世界名人、风云时事、历史文化、兴趣爱好方面的话题。但问题是孩子不这么认为。曾有个学生跟我说，他们全家一起登山，家人刚开始谈论的是当地的人文历史，而最后却以"好好学习"收场。这个学生很不理解，连连摇头。

孩子进入青春期后，除了学习，也会对他人和世界充满好奇。这是正常现象。而父母认为,这都是妨碍学习的干扰因素。于是动不动就说"有那个功夫，还不如多背一个英语单词"。

仅仅这一句话，就足以让孩子变得沉默。而更严重的是，父母的态度很容易让孩子紧闭心扉。父母不妨回顾一下自己与孩子的交流过程，是否态度和蔼地、语气柔和地和孩子真诚交流过？是否不打岔，认真倾听过孩子的话？当孩子对某个问题提出不同看法时，是否耐心地听孩子说完，再表明自己的立场，而不是他刚说完，就气急败坏地否定？对于孩子的提问，有没有根据他的理解程度，耐心、有趣地讲解过？

至少在我身边所认识的人中，我没见过这样的父母。他们通常都是开始时还能心平气和，但等孩子说了几句让人不满意的话，就会瞬间拉长个脸，变得咄咄逼人，冷嘲热讽。当这种事情经历几次之后，孩子自然就会紧闭心扉，再也不愿意开口。如果父母提出要和孩子谈谈，他甚至会变得紧张，感到害怕。

要知道，父母专横的态度只能让孩子反感和抵触。而父母之所以对这种方式钟爱有加，是因为内心的急躁。工作生活中要处理的事情很多，而时间不够，孩子也不乖乖顺从，于是心里一着急，就开始使出蛮劲。当然，蛮干注定产生副作用。

唯一的办法，就是父母改变对孩子说话的态度。有句俗语叫“一句话说得让人跳，一句话说得让人笑”。如果孩子冲父母说话很难听，那么父母首先要先改改对孩子说话的方式和语气。如果这样行不通，可以换个方式再试试。只有当父母对孩子讲话时做到客观公正、有理有据，他才会不把这些话当成唠叨而是真知灼见，并烙印心间。

解决方案 2：温和地注视他，耐心等待他主动开口

父母通过观察婴儿的表情和哭声，就能判断他的需求和欲望。但刚开始并不熟练：孩子时不时哭闹，手忙脚乱的父母一会儿给他喂奶，一会儿给他换尿布，一会儿又抱起来哄哄。经过一段时间的观察和摸索，就能积累下对付孩子哭闹的经验，只凭他的哭声和表情，十有八九就能判断出他的需求。

为什么孩子到了青春期，父母的态度就截然不同了呢？父母不再去关注孩子的表情，也不再试图理解孩子，以为他身强体壮，就具备了和成人同等的心智。父母认为，孩子长大了，可以像大人一样凡事做到理性、沉稳。当他们问孩子为什么不专心学习时，内心期望得到的答案是：“因为……，所以……，真的很抱歉。”如此这般，给父母一个让人信服的理由。试想，如果孩子能做到这一点，那亲子之间还有什么分歧和矛盾呢？

遗憾的是，青春期的孩子尚不擅长表达自己的想法和感受。不仅如

此，还会时常蹦出前后不搭调的话："好了，请不要再管我了！""我自己知道怎么做！""我讨厌上学,我就是不喜欢学习！""我还想玩一会儿！""我不管！""没事儿！""每次跟妈妈谈话都烦得很"……这些都是父母再熟悉不过的回答。

一旦孩子表现出烦躁的情绪或逃避的态度，父母就会觉得他目无尊长，认为自己想要心平气和地交流，他却无情地拒绝了自己的好意，因此感到愤怒。不过，有一点我必须要提醒一下，孩子表现出来的态度与他内心真实的想法并不一致。通常是因为他不知如何表达，才会干脆闭嘴不说，或者表现出烦躁，作出抗拒的反应。

贤雅今年初三，每天都很晚才回家。倒不是因为她去图书馆看书复习，也不是有约会，但她就是非要等到天黑了才回家。妈妈每天都唠叨，让她放学后早点回家，但是贤雅根本听不进去。不仅如此，就像故意唱反调似的，妈妈越是唠叨得厉害，她就回来得越晚。妈妈觉得就算磨破了嘴皮子，贤雅也不会听，最后干脆放弃不管了。所以现在即使贤雅回来得很晚，或者干脆不回家，妈妈也不会再唠叨。

为此，母女之间变得十分冷淡。但是贤雅晚归的真正原因，却很让人意外和难过。

"妈妈只关心弟弟，从来都不在乎我。我如果回来得晚，她还能稍稍紧张点。所以我经常在外面溜达到 10 点才回来。不过时间久了，妈妈似乎也习以为常了，又开始不管我。所以我就故意更晚回家，一直在外面待到晚上十一二点。只有这样，妈妈才会在乎我、紧张我！不过现在她早就习惯了，又变得无动于衷了。问题是，我这样折腾过后，反而不好意思早点回家了。其实我并不喜欢在外面待着……"

在贤雅的妈妈看来，这个理由实在是太荒唐、太离谱了。为了吸引父母的注意力，故意回家晚，这算什么理由？而且每当问起为什么那么晚回家时，女儿每次都不耐烦地说："别管我，我自己的事情我自己管！"每次孩子这样，贤雅的妈妈都会一肚子火气，但是想到女儿肯自己回家，已经算是万幸了，于是决定不再唠叨并干涉女儿。她是出于好心，没想到女儿倒怪罪起她来，实在让人哭笑不得。说吧她嫌唠叨，不说吧她又嫌没人关心，当妈的到底要怎样做才能让孩子满意呢？

当孩子不肯说话，表现出叛逆行为时，父母千万不能冲动。先不要考虑孩子没大没小、没礼貌，而要先想一下孩子为什么会这样。如果双方情绪都很激动，是不可能解决好问题的。暂且耐心观察一下，然后问问孩子“妈觉得最近你有些敏感,说话语气不对。是不是发生了什么事？”当父母试图用心理解孩子时，会发现自己的情绪在一点点恢复平静。如果还是无法理解孩子，那么可以如实表达父母内心的想法。

“最近是不是遇到了什么不开心的事？以前你很愿意跟妈分享你的想法，现在却什么也不肯说……饭也吃得少了，总是一副忧心忡忡的样子，妈看着挺不放心的。是不是我什么地方做得不够好，让你失望了？”

当父母把自己的担心如实表达出来时，孩子也会作出不同的反应。虽然他的语气不可能一下子变得缓和，但至少他会感觉到来自父母的关心和支持，会慢慢变得不那么抵触了。

但有时事与愿违，孩子会固执地一直不说话，不肯与人交流。孩子一天天长大，意味着属于自己的世界一天天变大，不想告诉父母的小秘密也会越来越多。对此，父母未必能理解。越不理解，心理就越不安，明明孩子不肯说，也非要刨根问底。这种做法只会让他更不愿开口。

父母不可能百分之百了解自己的孩子。孩子也需要有独处的时间。父母要有足够的耐心，等待孩子敞开心扉和自己沟通。坦诚地表露自己，需要很大的勇气。而且，心与心交流，不仅需要理解力和表达力，还需要自我调整的能力。

父母可做的，就是用温和的目光注视孩子，并耐心等待。给孩子足够的时间来感受来自父母的关心和支持，并让其内心平静下来。等到双方不再竖起芒刺时，他就会敞开心扉了。

这时父母要分清“等待”并不等于“放任”。贤雅妈妈的失误就在于本以为是“等待”，却给了女儿“放任不管”的感觉。爱的反义词并不是恨，而是因“不爱”表现出来的漠不关心。放任，就是一种漠不关心。无论孩子做什么、说什么，都一副“你的事随你自己好了”的样子，这便是一种漠不关心与放任。所谓“耐心地等待”，就是对孩子持之以恒的关心，但不去干涉，直到他自己醒悟。

解决方案 3：站在孩子的角度看问题

在日常生活中心烦意乱时；心里堵得慌，却不知道怎么说时；情绪低落，感到忧伤时……无论是谁，都不太可能清晰地表达自己内心的想法，孩子也一样。就算他愿意讲出来，可是还没等他说完，父母常常脱口而出：“的确是你的不对！”“费那个功夫干吗？”“不可以！”这无异于火上浇油，沟通根本无法继续下去。

不管孩子表述如何，也不管其中的逻辑是否清晰，父母要做的，就是务必先听完孩子的话。就算中间突然想打断、想立刻反驳，也要忍住，尽量把话听完。遗憾的是，很多父母就连倾听这么简单的事也做不好。说什么“听了也是白搭，说的净是让人哭笑不得的话，听他说完，还不得气死我”。父母始终是一肚子说不完的话，一门心思想要打断孩子的话好说出自己的想法。于是，本来是为了好好沟通才把孩子叫到跟前，最后却成了父母单方面的训斥和唠叨。

如果希望改变这种状态，请父母从自我做起。不妨认真听听孩子的倾诉，在要求孩子理解父母的心情之前，父母是不是更应该努力去理解孩子的立场和心情呢？即使孩子说的话让大人费解，也要抱着包容的态度认真倾听。仅仅做到这一点，也能在很大程度上让事情有所改观。孩子一旦意识到爸妈不是在强迫自己改变，而是真心努力想要理解自己时，就会一点点敞开心扉。

倾听时，要注重表情和举止。只有面对面，看着孩子的眼睛用心倾听，才有可能表现出真诚。根据孩子所讲的内容自然地点头，对孩子所说的某个观点表示认同。有些父母平时总是一边刷碗一边听孩子倾诉。孩子说自己的，父母忙自己的，孩子说着说着，就会觉得父母心不在焉，于是喊道："妈！你在听吗？""嗯嗯，听着呢。接着说吧！"试想自己正起劲说起一件事情，对方却漠不关心，只顾着做自己的事情，谁还有心情继续说下去呢？倾听，最重要的是反应。

当孩子讲到自己承受的内心痛苦和烦恼时，父母应设身处地，学会接纳和包容。接纳，其实并不难。孩子说到因为某件事而难过时，父母要表示："妈妈明白你心里不好受。"孩子说"难过""伤心"时，要给予认同，表示理解他此刻的"难过"和"伤心"的感觉，并点点头。可惜即使这么简单的事，父母都吝啬到不愿去做。孩子好不容易鼓起勇气把自己心里的烦恼说出来，父母听了，常常表示不屑："就那么点小事，还用得着这样费心思吗？"或者说"那又怎么样？"把孩子所有的想法一棍子都统统打掉。

对孩子的话表示认同之后，接着要问清理由。孩子如果因某件事感到难过，那么充分给予认同，表示"妈妈能理解你心里有多么难过"，然后再问问"那你觉得为什么自己会这么难过？"遗憾的是，父母通常会直接跳过这个环节，当面反驳孩子："就这么点小事，用得着为它难过吗？"把中间必要的分析事件和梳理情绪的过程直接省略掉了。其实，这看似不起眼的举动，导致的结果却有天壤之别。

假设孩子很讨厌学数学，向父母讲述怎么学都学不好时，父母可以这样说——

"嗯，的确现在的数学也太难了。让你们学这些，也够难为你们这些学生的。"

听完父母的这番话，孩子会觉得爸妈站在自己这一边，心里高呼万岁。孩子绝不会因为爸妈这么说而反问："那我是不是可以不学了？"这时，即使父母不再刻意解释，孩子也知道学好数学的重要性。只是因为难度大，学习效果不理想，他才会感到苦恼而已。父母能对此表示理解本身就是对孩子最大的安慰。

如果父母能对孩子在学习数学的过程中付出的努力给予鼓励和表扬，他会觉得更不好意思了。因为他也明白，自己在数学上付出的努力，还不足以获得表扬。父母在给予孩子足够的接纳与包容之后，可以提议和他一起找找学好数学的方法。父母的这种态度，会让孩子内心感到释然。一直以来，他为数学感到很头疼，父母却愿意和他一起努力，寻找方法，他内心所感受到的鼓舞是可想而知的。这时，即使没有长篇大论的说教，孩子也会更加努力去学的。

父母学会接纳和包容之后，还要学会换位思考。不再用父母的眼光看待孩子，而是完全站在孩子的立场来思考问题。此时，父母不妨回想一下自己曾经经历过的类似情形，重温当时的感受和想法。

有个高一男生，每天回家第一件事情，就是玩一两个小时的游戏，每天雷打不动。妈妈看不惯，忍不住唠叨："马上要高二了，你到底有没有脑子……学习那么紧张，哪还有时间玩游戏啊！"有时候说了孩子也不听，妈妈就暗自神伤，一副绝望的表情伴着长长的叹息。

不过这位妈妈很快意识到，其实自己在孩子面前展示的，也是这样一副情形。每天疲惫地下班后，她第一件事就是坐在沙发上看电视，有时候干脆躺在沙发上看。因为累得什么也不想干。推己及人，孩子天天在学校上课、自习也很累，回到家也不可能马上就集中精力去学习。想到这些，这位妈妈为这段时间一直对孩子表示不满而惭愧不已。

做到接纳和包容，的确需要技巧，但更重要的是换位思考，这样才能将心比心，推己及人。当孩子感觉到父母对自己的理解和包容时，也就不再充满敌意，会一点点敞开心扉。

第8章

只要指出错误，孩子就发脾气

妈妈口述烦心事

“我一句无心的话，她就大发脾气”

“孩子简直就是前世的仇人。”我根本没想到，有一天我也会讲这句话。不过，现在我真的有这种感受：孩子就是为了向我复仇，才出生在我们家的。有时，我自认为并没做错什么事值得孩子发那么大的脾气，但我还是时不时地要面对孩子那张生气的面孔。这真让人无可奈何。

期末考试结束后，我发现女儿身体特别虚弱，好像还有感冒的迹象。吓得我赶紧带孩子去医院，检查后开了些药。为了让她早日康复，我又是给她沏柚子茶，又是帮她戴围巾，前前后后忙个不停。可女儿明明一直咳个不停，却不按时吃药，衣服穿得也很薄。尽管我心里非常着急，但考虑到她最近情绪低落，就一直忍着没说什么。

到了晚上，女儿吃完饭就要回房间，我就提醒了一句“你还没吃药呢”。结果她竟尖厉地喊了一声：“那是我的药，跟你有什么关系？”人们都说过于尴尬就会变得一时无语，我当时就是那种感觉。你说说，我只是提醒她吃药，她竟说出这样的话来，完全没道理呀！哪怕她说“过一会儿再吃”，或干脆说“不吃”，我也能理解。但她这种语气这种态度真让我无语……我到底做错了什么，让她这样歇斯底里地冲我大喊大叫？她眼里还有我这个妈妈吗？我的脑海里瞬间闪过无数想法，心中涌出无限委屈与悲哀。

一个月前，家里就发生过类似的情况。那天，我和女儿闲聊，随口说了一句：“你认识妈妈的朋友永姝吧，听说她家老幺这次考 TEPS（Test of English Proficiency Developed by Seoul National University，韩国英语等级考试。——译者注）得了满分呢！”结果她竟涨红着脸，冲我喊：“为什么要拿我和人家比较！”我很惊讶，于是反问她：“我什么时候比较了？我就说她家老幺得了满分而已嘛！”女儿暴跳如雷，说那就是在比较。她反应太过激烈，让我一时以为自己确实说错了话，惹她生气了，于是连忙向她道歉。其实，在所有科目中，女儿唯独英语分数不够理想。也许，我是在女儿情绪最低落的时候，一不小心说了那些话。还好，由于我及时道歉，她并没有继续大吵大闹。但我至今还是无法理解她当时的反应，也非常难过。

我属于晚婚晚育，而且只有这么一个女儿，所以平时对她千依百顺。我担心自己过于迁就孩子，才造成今天的局面。要知道，我和先生从未大声批评过女儿，更别说打她了。而女儿也非常依恋我们，经常在我们怀里撒娇，甚至直到小学毕业还吵着要和我们一起睡呢……想想过去她那么依恋我，这次竟然对我如此凶巴巴的，让我怎么受得了呢？

朋友们劝我说，这是因为孩子长大了，准备要离开父母了。我先生也说孩子上初一了，正处于青春期，要多多理解她。尽管如此，我还是无法接受。

一句无心的话，只因不合女儿的心意，她就大发脾气，让我不敢随便讲话，有种如履薄冰的感觉，但我又不能因此而冲她发火。不过，如果就这样放任她不管，我又担心不利于她良好性格的养成。

老师，虽然说孩子处于青春期都会这样，但我女儿的青春期反应是不是太强烈了？我甚至担心孩子是不是精神上出了什么问题。你说，如果过了青春期，孩子能变好吗？

金顺姬　护士　一个初一女孩的妈妈

读懂孩子心

青春期，孩子大脑结构发生大规模重塑

提起青春期，人们最先想到的单词就是“叛逆”。否则，怎么会有父母说青春期的孩子是来自仙女座的外星人呢？青春期到底是什么，究竟怎样把我们的孩子变成了外星人呢？

其实，很多父母并不太了解孩子成长过程中的某些变化，特别是青春期的脑部变化。进入青春期后，孩子不仅身体长高，第二性征出现，大脑额叶也在发育和重塑。额叶主要负责逻辑思维和运算。人们判断问题、综合思考、抑制冲动、有条不紊地处理事情等都要靠它来完成。不过在 12 ～ 17 岁，额叶正好处于大规模重塑时期，所以青春期孩子很容易非理性思考，或表现出冲动行为。

有时，他们的一些行为表现甚至都不如小学生。小学生虽然思考水平较低，但至少懂得要遵守约定、不撒谎、完成作业。青春期的孩子由于正处于发生变化的时期，理性判断能力反而远不如小学生。也就是说，青春期孩子身体已发育成熟，而思维或行为还未发育成熟。但是，大人们却期待着“孩子身体都长得像大人了，处理问题的方式与行为也要像大人一样”。正是这种误会引发了亲子间的矛盾。

此外，青春期孩子的身体所能分泌的控制情绪的神经传导物质“血清素”，比儿童或成年人少 40% 左右。所以，这个时期的孩子情绪起伏比其他任何时期都要大。通常，在父母看来无关紧要的一件事，却会让孩子变得非常忧郁或异常烦躁，就是因为缺乏“血清素”。另外，随着第二性征的出现，孩子体内分泌的激素也将急剧增加，这会让他们在感情上变得异常敏感。

孩子出现过激行为，可能是为了掩饰内心的尴尬

请父母站在孩子的立场思考一下。有一天，他突然发现自己的身体发生了一些变化，心里会有多紧张与不安。在这种情况下，孩子怎么可能理性、冷静地思考与行动呢？即使是大人，如果身体不适或心存忧虑，也会变得异常敏感与神经质。青春期的孩子正是处于这种状态。所以，他总是控制不好自己的情绪与言行，也无法准确表达自己的想法。这些也让他们感到非常困惑。

其实，孩子反抗、乱发脾气，并不是故意要伤害父母，而是一种下意识的反应。事情过后，孩子自己心里会感觉舒服吗？绝对不会。他会非常后悔乱发脾气，也因没能控制好自己而感到难过。不过，因为孩子无法条理清晰地表达这些感受，所以也无从向父母解释了。总之，这时的孩子处于一种“我也无可奈何”的状态。

同时，青春期孩子要承受来自各方面的压力，成绩、交友、异性交往、对未来的迷茫等众多因素都在困扰着他。由于这些压力得不到及时的排解，经常会在意想不到的地方爆发。

在上文案例中，孩子对“妈妈朋友的女儿考 TEPS 得满分”那句话反应特别激烈，其实反映出她因英语成绩不理想而承受着极其沉重的心理负担，只是这一切偏偏在妈妈那一句话落地的瞬间爆发了。平平常常的一句话就招来了孩子如此激烈的反应，妈妈当然会惊愕了。其实，如果站在孩子的角度考虑，就会明白那句话与拉开定时炸弹的引爆装置并无区别。当情绪在这种意想不到的情况下爆发时，并无道理可言。所以，孩子不但无法解释，反而用更激烈的反应来掩饰内心的尴尬。其实，在这种情况下，就算是大人也很难客观地表达自己的感受。

虽然孩子的这些过激行为让很多父母感到伤心与难过，但这其实是孩子在健康成长的一个重要证据。如果青春期孩子的身上不出现这种情况，只有两种可能性：一是从小孩子就与父母沟通流畅，相互非常信赖，到了青春期也还是这样。当然，这是大家都希望的理想状态；二是孩子

在父母极大的压制下，根本无法完整地表达自己的意愿与想法。在现实中，大部分青春期孩子属于第二种情况。

总之，大部分青春期孩子都会出现过激行为让父母生气。其实，青春期孩子并非有意叛逆，只是因为处于缺乏应对能力的非常时期，才会出现这种情况。我相信，父母如果理解青春期孩子的这些特点，就能够以更加宽容的心态对待孩子。

专家为你解忧

解决方案 1：孩子表现冲动时，要先让他冷静思考

当然，父母不能因为冲动、叛逆是青春期的正常反应，而对孩子的错误行为视而不见。青春期是最容易犯错误的时期。因青春期的这种情绪特点，孩子面对事情时很难作出清晰的判断，有时甚至都意识不到自己犯下了错误。所以，父母一定要明确告诉孩子，他犯了哪些错误，并要求他及时改正。

不过，说着容易做起来难。人们即使很想理性对待问题，但一旦对方冲动、感情用事，马上就会被其情绪所感染，作出同样的反应。因此，当孩子感情用事时，建议父母们首先做一下深呼吸，平复内心涌起的不良情绪，然后以最平静的语气与孩子谈话。

“你好好想一想，自己为什么这样做。等你想好了，我们再谈谈吧。”

此时，父母不要再多讲一句话，马上回避，这样才能避免争吵的局面。其实，有时候孩子自己都搞不懂当时为什么要顶撞父母，如今有了独处的时间，他就可以冷静下来，回顾刚才的行为，反省自己。青春期孩子即使情绪起伏再大，也具备了一定的思考能力，所以只要静下来仔细想想，就会明白自己错在哪里。通常，人们只有意识到自己错了，才会反省并承认错误。

同时，父母也要利用这段时间冷静一下，思考孩子为什么要那么做。其实，世上的事情都是有因果关系的，只是父母认为当时情况与孩子叛逆并无关联，才会感觉突然。也许，孩子正在为别的事所困扰，心理压力很大，而父母的一句话恰好成了导火线，引爆了他的情绪。因此，父母不要盲目下结论，认为“没有教养的孩子，我一定要改掉他这个坏毛病”，而要抱着“到底是什么事情，让我的孩子如此难过”的态度，去关心他。

双方各自思考一段时间后，可继续下一步交谈。当然，也有一些性急的父母在孩子还没有整理好思绪的时候就冲进孩子的房间。不过，即使性格再急躁，在处理孩子问题的时候也要保持沉稳，要有足够的耐心。同样地，在与孩子交谈时不要逼问孩子“刚才你那个样子，对吗？”而是要充分表达父母的担忧，比如“妈妈感觉你心情不大好，有什么事吗？”不同的沟通方式，结果也是大不相同的。在孩子与父母之间，主动权掌握在父母手中。

因此父母首先要表明一种宽容的态度，孩子才能放下防御心理，真诚地与父母对话。

解决方案 2：不要把教导变成发泄愤怒或抱怨

“我怎么说，孩子都不听”，父母们常无奈地叹息孩子不听话。但我想问一下，父母到底是“怎么说”的呢？父母说的过程中，是否将教导变成了对孩子发泄愤怒或抱怨呢？是否开始只是在谈 A，而谈着谈着渐渐把 B 和 C 也牵扯进来了呢？如果确实如此，那么父母的话在孩子听来就是一种噪音了。

其实，父母经常将“训诫”与“发泄愤怒”“抱怨”搞混。尽管出发点都是为了纠正孩子的错误，态度却是截然不同的。“发泄愤怒”或“抱怨”都属于情绪化行为，“发泄愤怒”是为了发泄“因你而生气的我的感受”；“抱怨”则是在诉说“因你而难过的我的感受”。父母带着情绪去纠正孩子的错误，他怎么可能心平气和地接受呢？世上哪有人听到对方发泄愤怒后，老实承认自己的错误，并表示抱歉的？

相反，“训诫”或“批评”都是非常理性的行为，它能准确指出错误，并提出相应的对策。有时，父母与老师所讲的内容完全相同，而孩子接受的态度却完全不同，也正是因为如此。当然，孩子通常不怕自己的父母，但对老师还是有些畏惧心理的。不过，真正的原因还是因为老师在“训诫”，而父母在“发泄愤怒”。老师理性地对待问题，孩子也会理性地思考问题。而父母冲动地处理问题，孩子当然也会带着情绪处理问题了。

“训诫”或“批评”孩子，目的都是为了让他回顾自己的行为、反省自己、纠正错误。那么，父母到底应该怎么做，孩子才会有变化呢？为了正确地训诫，父母需遵守以下几个原则 。

第一个原则：再好的忠告，也不要超过 10 分钟

即使是再重要的事情或再好的忠告，父母讲话时间也不要超过 10 分钟。孩子讲多长时间都无所谓，但父母一定要在 10 分钟之内结束自己的讲话，只有这样才会起到训诫作用。通常，人们认为训诫就像校长讲话一样，是单方面的长时间演讲。其实，那只是在唠叨。训诫与唠叨最大的差异不是在内容上，而是在时间上。想必父母也不会喜欢长时间听长辈训话吧。这一点是训诫最重要的原则，只要遵守了这一点，其他的原则就好办了。

第二个原则：绝对禁止人身攻击

“你没有一件事儿做得像样，脾气还那么暴躁！”

“你也就那个水平，我早就知道会有今天。”

这是在挑衅呢，还是想好好交谈呢？任何人听到这种攻击性语言都会暴怒吧。请父母们回想一下，自己有没有对孩子讲过类似的话。其实，青春期孩子听到这些话时，不仅不会承认错误，反而会增强反抗心理。而且，如果孩子经常听到这样的话，很容易对自己消极定位：“我是粗心大意的孩子”“我是没有责任感的孩子”“我早就知道自己会是这个样子”“无论我怎么做，爸爸妈妈都不会相信我”“反正没有人相信我”等。

如果想与孩子进行和谐而有意义的对话，请专注于谈话的主题。如果孩子犯了什么错误，请具体讲出他所犯的错误以及父母的担忧等。

比如，孩子承诺自己洗刷运动鞋却未实现时，可以这样与孩子进行交谈：

“你上午答应妈妈要自己刷运动鞋的。现在都过了好几个小时，为什么还不刷而只是玩电脑呢？妈妈有些生气了。你这么做，让妈妈感觉你根本不重视与妈妈的约定。如果不是因为不尊敬妈妈，还有什么其他的原因呢？”

当妈妈如此问话时，如果孩子真的有其他的理由，就会如实讲出来。不过，通常这种情况都是因为孩子在偷懒、贪玩。如果自己想了想，依然找不出可以站得住脚的理由，孩子也会承认是自己偷懒。

关键是要让孩子自己明白并承认错误。孩子只有知道错在哪里，才会努力去改正错误。所以父母要简明扼要地向孩子指出问题所在。

第三个原则：不要反复提过去犯的错误

生活中，大多父母都会反复提孩子过去所犯的错误。平时，尽管父母多次提醒，可孩子依然在犯同样的错误，这些现象让父母感觉他不思进取，以至在后续的交谈中，习惯性地将过去的错误一并拿来批评。父母们期待着孩子能够明白自己在犯着同样的错误，应该及时纠正。

但事与愿违，父母的这种做法很可能会让孩子干脆自暴自弃。父母认为孩子在不断地犯同样的错误，而孩子却可能一直在努力改正。只是不良习惯很难立即改好，那次错误可能恰好是他努力改正过程中的一次失误。如果父母根本不认可孩子的这些努力，只是一味地批评、指责他，他就会感到失望，认为自己没必要再去努力。因为不管自己是否在努力，都只会受到父母的批评。

其实，反复旧事重提可以看成是父母在发泄愤怒。这不仅解决不了任何问题，反而会招来孩子更激烈的叛逆行为。当然，父母也许一直想着“今后批评孩子时，千万不要再提过去的事”，只是一时难以改掉。但即使如此，父母也要注意自己的讲话方式，时刻提醒自己训诫不是为了伤害孩子，更不是为了发泄愤怒。

第四个原则：不要拿孩子和他人比较

“你哥哥无论什么事都能做得很好，可你到底像谁呢，这么让我操心？”父母们经常这样举“邻居某某”“妈妈朋友的儿子”“表哥”等例子，来批评自己的孩子“为什么你就做不到呢”。

那么，孩子听到父母将自己与他人比较时，会是什么感受呢？难道，孩子会想“对，我也要像哥哥那样努力”吗？如果真有哪位父母确实是这么想的，我觉得他有必要好好反省一下。“比较”本身就是一种侮辱，是让孩子感到自卑、不如人家的一种残忍行为。即使是大人，如果有人拿自己和别人作比较，心里肯定不会舒服。

当然，世上没有父母是为了伤害孩子而故意这么做的，他们只是希望孩子能够变得更好。但无论初衷如何，父母的话在孩子听来就是“不如某某”“赶不上某某”的意思。

世上有两种可以毁人一生的方法，那就是愤怒与妒忌。而“作比较”却是将这两种感受同时栽到了孩子的心田里。请牢记，为了孩子的一生，父母千万不要将孩子与他人作比较。

第五个原则：不要凭自己的推测认定孩子撒谎

孩子是否在撒谎，父母通常一看就会明白。但如果没有物证，千万不要一口断定孩子在“撒谎”。

比如，孩子放学后去网吧玩了一会儿游戏，回到家却告诉妈妈去了朋友家里。这时，即使妈妈心里很清楚是怎么回事，也不要直接跟他说“别骗我了，你去网吧了吧？还不老实交待！”如果父母就这样把孩子归类为“撒谎的孩子”，他会认为父母从来就不相信自己，继而感到失望而变得更加叛逆。同时，孩子会为了更好地武装自己，继续编造下一个谎言。

那么，如果与父母的猜测相反，孩子真的没有去网吧，结果又会如何呢？那肯定会招来孩子极大的愤怒。因此，父母如果不是亲眼所见或有证人，千万不可仅凭自己的猜测就将他断定为“撒谎的孩子”。一定要忍耐，直到掌握确切的证据。但是，父母如果觉得实在不能这样坐等，也可以坦诚地问孩子。

“妈妈觉得你没有去朋友家玩，而是去了网吧。如果真的是那样，能跟妈妈说实话吗？”

现在，你能感觉到这种谈话方式与断定孩子撒谎的谈话方式间的差异了吧？

如果这时孩子如实坦白，父母一定要原谅他。因为只有这样，他才会反省错误，同时深深感激父母的宽容。不过，也有一些孩子会将谎言坚持到底。遇到这种情况，父母也要相信并原谅孩子。父母不知孩子撒谎与明知孩子撒谎却原谅他，对这两种情况，孩子的感受是完全不一样的。如果属于后者，孩子一定会努力改正，不再犯同样错误。其实，父母期待的不正是这样的结果吗？

此外，父母即使手里握有确凿的证据，也千万不可进行诱导性的提问。比如，妈妈亲眼看到儿子和朋友们一起进了网吧，强忍着心中的愤怒，耐心等到儿子回家。

“你去哪儿了？”

孩子一时慌张，撒谎说去朋友家玩到现在。妈妈一反常态，问孩子在谁家从几点玩到几点。而已经说了谎话的孩子，为了圆这个谎只好继续编造谎言。妈妈看着若无其事编造谎言的儿子，终于怒气爆发，大声质问：“妈妈刚才都看到你去哪儿了，你还在撒谎！”

来，请猜想一下，这时孩子会如何反应呢？“你都知道了，干嘛还要问我？”孩子吼了一声，气呼呼地进屋去了。

也许，父母认为孩子会为自己的谎言感到羞愧，流下忏悔的眼泪，但事实并不是这样的。首先，孩子会因自己的谎言被妈妈揭穿而感到尴尬，此外，妈妈诱导性地提问会让孩子有一种被愚弄了的感觉。

此时，妈妈的心情又会如何呢？看到儿子面无惧色地向自己撒谎，也会产生一种被人背叛的感觉。当谎言被揭穿后，孩子不仅没有道歉，反而还大发雷霆，更让妈妈伤心、生气。

请重新回顾一下。造成孩子继续撒谎的人到底是谁呢？没错，正是妈妈。是妈妈"我看你还能骗我到什么时候"的心理导演了这一切。现在，你认为这种做法可取吗？

所以，当父母手里握有确凿的证据时，请直接、坦诚地与孩子交谈。

"刚才我去超市的时候，见到你和朋友们一起进网吧了，而你却告诉我去了朋友家里。为什么要跟妈妈撒谎呢？你答应过妈妈再也不去网吧的，妈妈也一直非常信任你。可今天，你让我好难过。"

请比较一下，这种坦诚的对话方式与诱导性的提问，哪一种方法更容易让孩子承认错误？千万不要因为孩子撒谎了，就把他当做嫌疑犯。诱导性的提问只会让孩子加强防御心理，让他不再相信父母。

解决方案 3：如果做错了，就要向孩子道歉

人无完人，父母也是不够完美与成熟的凡人，可以算是"年长的青少年"。他们也会犯错误、不耐烦、偷懒。但天下所有父母都一样，尽管自己有诸多缺点，对孩子却始终都是高标准严要求。也许这就是"望子成龙"良苦用心的最佳表现吧。

但是作为孩子，恐怕就难以接受这些了。他心里会想"为什么妈妈那么做可以，而我做就不可以""妈妈总是自己说了算"等。小时候，这些想法可能只是藏在心里，但到了青春期，情况就会不同了。父母也许会认为孩子在反抗，但这绝对不是单纯的反抗。是父母不一致的言行，让他形成了混乱认识，继而对父母产生了怀疑。

其中，引起孩子不信任与抱怨的最大原因是父母感情用事。父母偶

尔也因情绪激动而责骂孩子，乱丢东西，或对孩子实施暴力。而这些都是父母曾教育孩子不要做的事情。因此，当他看到父母如此言行不一，心里就会产生失望与愤怒。

我想，可能所有的父母都犯过类似的错误。出现这种情况时，应如何处理呢？就当什么事情也没有发生过一样，不了了之吗？其实解决问题唯一的方法就是向孩子道歉。父母要向他坦白承认自己不够成熟的做法以及所犯下的错误，同时要告诉孩子，父母也是不完美的平凡人，一直在摸索中学习如何更好地教育他，一直在为之努力着。也许，有的父母会说："父母可是要面子的，怎么可以向孩子道歉呢？"其实，父母的面子在失误的那一瞬间就已经受损了。

当父母如此诚恳地向孩子道歉时，他会瞧不起父母吗？绝对不会。当大人坦白承认自己的失误，真心道歉时，孩子也会理解父母，会想"原来大人也会失误，原来爸爸妈妈不是因为讨厌我"。而且他也能从中学会如何正确面对自己的错误。言教不如身教。请父母犯错误时主动承认，努力改正，为孩子树立一个好榜样吧。

第9章

不要大人管却又管不好自己

妈妈口述烦心事

“孩子说他的事自己能做好，不要我们管！”

我是个上班族，儿子今年上初二，女儿上小学六年级。其实我上班没多久，才3个月。最近老公的公司效益不太好，家里需要花销的地方又很多，所以才出来工作。以前我一直是个全职妈妈，照顾孩子的饮食起居，操持家务，现在突然开始工作，着实叫我有点吃不消。自从上班以后，我对孩子投入的关心也远不如过去多，大概是因为这个原因，孩子似乎对我这个妈妈也老大不满意。

尤其是我儿子，每当我叫他做点什么，他都嫌我多管闲事，说自己的事自己知道该怎么做，让我不要管他。初二的孩子正值青春期，对父母有抵触心理，这我能理解，但是过去我在家做全职妈妈时，他并没有表现得这么明显啊。

大概是一星期前，由于他下个月就要期末考试，所以我提醒他是不是该好好准备一下。一直以来，他的家庭作业都是由我来全权负责，并且根据他的课程制订考前复习计划，辅导他学习。孩子一直都很乖巧很配合，所以尽管从没上过什么补习班，成绩还是很优秀。我心想就算别的顾不上，马上要考试了，考前复习我总得抓一抓吧，于是才去提醒他。没想到孩子一脸不耐烦地说他自己的事情自己知道该怎么做，不要我管。照他的意思是，以后他的学习或其他事情，他自己会管好，不要我费心。看着孩子一副理直气壮的样子，我突然有种筋疲力尽的感觉。不过想到他也该独立了，于是抱着暂且不去管的想法没再唠叨。

通过几天的观察，我发现这孩子根本就不能这么放任。说是自己能管好自己，其实呢？根本就是没一件做得像样的。以前放学回家，总是先把作业做好，等复习、预习完功课再玩。现在回家第一件事就是打开电脑。让人担心的事儿远不止这些，书桌上堆满了书和杂物，应该是有些日子没收拾了。校服和书包也经常是随手扔在一边。看得我火冒三丈，但我咬咬牙还是没吭声，决定观察一段时间再说。

直到昨天，下班回家看到儿子一副逍遥的样子，书包和校服丢在玄关，还一边吃着泡面一边忙着打电游，我终于忍不住爆发了。我觉得不能再袖手旁观了，于是喝令他马上关掉游戏，从房间里出来。

“你当初是怎么跟我说的！说以后你的事你自己会管好，是不是？这就是你所说的管好自己吗？你看看你的书包还有校服！你就是这样管好自己的？”

“……”

“看看你这几天的表现！你自己说说，是比以前进步了吗？我怎么觉得没一件做得像样呢？”

“知道了！我会改好的！”

“是吗？马上就要考试了。你告诉我，你复习得怎样了？”

“这事儿我一直记着呢！”

“光记着有什么用？你得去做啊！你的考前复习计划做没做？”

“我说了我自己的事儿自己会管好！我要进屋学习了。”

说完，他竟头也不回地走进了自己房间！瞧他那副理直气壮的样子，好像他倒有理了，真是叫人气不打一处来。不过，就算把他拽回来说一通也不见得会有效果，所以我也就罢了。不管怎么说，刚才数落了他一通，总该长点记性吧。

晚上，摆好饭桌我喊孩子吃饭。叫了几声，没听见回答。推开房门一看，这孩子竟然趴在桌上睡着了。当时我就火冒三丈，冲过去狠狠拍了下他后背。“刚才是谁说要做功课的？原来在这里趴着睡大觉呢！”儿子也蹭地站了起来，大声嚷嚷：“妈，求你了，别再管我了！”

我真的很担心。这孩子好像越来越偏激，故意跟我唱反调。一些过去做得挺好的事情，如今也不肯卖力去做了，每次说得挺好，却没一件做得像样的，真不知道到底是哪里出了问题。老公嫌我为了挣几个钱，反而把孩子功课都给耽误了，叫我辞职算了。其实我也想过可能是这个原因，但说归说，工作也不是说不干就不干的啊。真不知道该如何是好。你说这种情况，我应该怎么处理呢？

崔熙雯　化妆品推销员　一位初二男孩的妈妈

读懂孩子心

父母意识里的“事情”≠孩子意识里的“事情”

其实父母对孩子的期望很简单，就是“自己的事情自己做好”。也就是说，不用爸妈天天唠叨，自己就能把作业、复习、预习统统搞定。要玩就玩个痛快，要学就学得精彩，如果生活自理能力也一样出色，那么对父母来说再完美不过了。

但是孩子真正想要“我的事情我自己做好”时，大部分父母都会摇摇头。父母希望的不正是孩子把自己的事情安排得井井有条吗？为什么会有这种做法呢？

首先，当孩子说“我自己的事我自己会处理好”时，父母往往把它当做孩子为逃避父母的唠叨而敷衍的借口。因为这句话通常是在父母唠叨或者指责孩子时，孩子用来当做挡箭牌的一句话。比如孩子正在打电游，父母命令孩子赶紧关掉游戏去做功课，这时孩子就会扔出一句话："我的事我自己知道该怎么做！"而父母则认为孩子的意思是："等我玩完游戏，自然会去把功课做好，现在不要妨碍我。"在父母眼里，这无疑是孩子在为继续玩游戏而找借口。

事实上，许多孩子在玩完游戏后，并不是马上去学习，而是又开始做其他与学习不相干的事。这种做法无异于火上浇油，只会增加父母对孩子的不信任。那么，孩子纯粹是为了再玩一会儿游戏，才会把这句话挂在嘴边的吗？

绝不是。孩子自己是真心想把自己的事情做好。之所以这种"真心"被父母歪曲和误解，是因为孩子意识里的"事情"≠大人所期望的"事情"。在父母看来，孩子最重要的事情就是"学习"。如果孩子自己也这么认为，那就不存在什么意见分歧了。他会真心把"学习"当成自己的事，不用别人说也能自觉把功课做好。但是问题在于，他并不把学习当成是自己的事。

有些父母可能会反驳："孩子怎能不把学习放在第一位，并当成自己分内的事情呢？"但事实上，有不少孩子的确是这么认为的。他觉得"学习"并不是自己要做的事情，而是父母一厢情愿安排给他的任务。

如果你问韩国的中学生"为什么学习"，答案会如出一辙："为父母！因为要是不好好学，爸妈肯定饶不了我。"这表明学习并不是孩子自己情愿的事情，而是因为他人的安排，即父母的强迫，才不得不进行的一项苦差事。有这种潜意识作祟，孩子怎么可能把学习当成自己分内的事情呢？

从保育员到顾问，父母的角色转换

孩子小时候，无论是主动还是被动，都会听从父母的吩咐。但是一旦到了青春期，就变得很叛逆。这是孩子成长过程中极为正常的一种现象。英语中的青年期(Adolescence)一词，源于拉丁语的“Adolescere”，原意为“成长到成熟”。意为正处于从儿童到成人的过渡阶段。

这个时期的孩子，除了身体上的变化，还会发生诸多心理上的变化，如价值观、世界观、思维模式、行为规范、合作能力、独立能力等，也开始具备了自我意识。小时候基本上百分百听大人的话，现在却多了大脑筛选和过滤的过程。一旦他觉得父母的想法和自己的观点不一致，就想要坚持自己的意愿。这种行为，在孩子的成长过程中是极为自然和令人欣慰的事情。拥有自己的想法，并且按照自己的意愿去实践的过程中，孩子可以积累经验，一点点独立和成熟。

但在父母看来，孩子的这种做法，无异于“反抗”“我行我素”。一旦发觉孩子不像以前那样听从父母的话，父母就会立刻表现出生气和不安。有些父母会用比过去更强硬的态度管制和约束，试图让孩子乖乖听话。也许，父母这种强硬的做法，暂时会有一些效果，但仅仅是暂时而已。等过了一段时间，父母觉得自己的这套方法不管用，就会试图加大管制强度和力度。这是一种非常极端和错误的做法。靠这种方法，是绝不可能培养孩子的自理能力的。

正如前面所讲，青春期是孩子走向成人的准备阶段。青春期如何度过，将决定一个人将来会成为什么样的人。作为父母，你希望自己的孩子将来成为什么样的人呢？多才多艺固然重要，但最重要的一点，就是独立自主能力。

对成人来说，这是最基本的一种能力，能帮助我们按照自己希望的人生蓝图，去勾勒、去实践。这种能力并不是随着年龄增长就自然形成的，需要在家庭和学校环境中从小不断地接受教育和实践，并靠积累经验来获取。尤其是在青春期，能计划自己的事情并付诸行动，这种经历非常重要。如果缺少了这种经验直接长大成人，只能说是长大的小孩，很难过正常的成人生活。

环顾周围，其实这种人并不少见。国内不少大学教师，经常会接到学生父母打来的电话，替孩子咨询报名情况和学分等问题，可谓用心良苦。更离谱的是，这些问题还会在职场上演。有不少公司为新员工感到头疼，因为一旦上司对新员工数落几句，第二天这位员工的父母肯定要打来电话，为昨天的事解释和道歉。

看到这里，可能大家会反问：“怎么会有这样离谱的父母？”依我看，父母倒是其次，关键是孩子自己。身为大学生、职场人，自己的事情自己无法独立解决，还要依赖父母，不得不令人怀疑其独立能力。问题是这种现象并不局限于乖乖男、乖乖女身上，在一些二三十岁青年当中，也有不少依赖父母的宠儿乖女，只不过程度上稍微有些差别罢了。

他们长大成人后依然离不开父母，不能独立，原因正在于青春期。说得更准确一些，这要怪罪于陪他们度过青春期的父母。当孩子提出“我自己的事情我自己来”时，其实是他发出的一种信号，表明他要开始学习独立了。此时，父母也要转变自己的角色，从过去的“保育员”角色转变到“顾问”角色。

当然，在这个过程中，有一个不容忽略的问题，那就是一旦把决定权交给孩子，他是否有能力不辜负父母的期望，做得出色。每当孩子和父母的意见发生冲突时，矛盾也就来了。导致这个问题的根源在于，父母始终把学习当做最重要的事情。想要解决这个矛盾，除非孩子把学习当成自己的事。如何才能让孩子把学习当成自己义务范围的事情，不用追、不用强迫，也能独立自主地完成学业呢？

专家为你解忧

解决方案 1：放手让孩子实践，并教他学会自我反馈

父母要给孩子机会，让他学会独立选择和实践，并且独立承担后果与责任。在这个过程中，父母除了引导孩子完成好学业，还要培养他们的独立能力，使他们在人生道路上遇到重要问题时，能够积极思考、慎

重选择、努力实践。所谓罗马城不是一天建成的，这世上没有哪个人天生就完美无缺。正是在经过无数次失败的过程中吸取教训、积累经验，才成就完美的。这一点父母必须承认和理解。

有些父母肯定会反驳，这些道理我们不是不懂，但是既然孩子没那个把握，为什么还每次都夸下海口呢？这点就令人费解了。孩子为什么会表现出这种不符合他们实际水平的自信呢？难道是为了逃避父母的唠叨、敷衍父母？的确，不排除这种可能性。但是要知道，有时候孩子气头上脱口而出的豪言壮语里，也蕴含着孩子的真心。孩子的初衷是不容置疑的，他是真心想把一件事做好。

只不过他们心有余而力不足，以致在实际操作的过程中经常碰壁。在实践过程中，孩子会发现一件事情远比自己想象的要费更多的精力和时间，并不是立竿见影那么轻松。比如，有时候正在埋头苦干，却被朋友发来的短信干扰，导致自己注意力“短路”；有时候是走神，惦记着吃点零食、看会儿电视，最后干脆就不愿意坐在书桌前做功课了；有时候则是刚要翻书学习，困倦就袭来，眼皮直往下耷拉，于是想要学习的计划又只能泡汤了。

面对孩子的这种口是心非，父母很难做到心平气和，总想着非得帮他们改掉这些毛病不可。所以一旦孩子表现得散漫，就忍不住提高嗓门，训斥他。然而，父母因孩子的表现差而数落他，并不能让他感到惭愧，也不会让他们有丝毫的反省和责任意识。他至多会极端地认为：“真倒霉，又免不了一顿唠叨了。”

所以，即使是孩子所做的并不令人满意，也不应该一味地指责，而是要帮助孩子，让他自己独立地反思，寻找问题所在，并寻找解决的方法。如何让孩子意识到自己的问题呢？**最好的方法，就是让他对自己的行为进行反馈，从中找出“小亮点”（做得好的），以及“小遗憾”（做得不好的）。**用这种方式，让孩子对自己的行为过程和结果做一个深入分析和总结，以求改善，而不是逼迫他自我批评或反省，弄得令人喘不过气来。

这个小反馈，具体要怎么实行呢？其实做起来并不难，利用每周即将结束的时间，抽出半小时，做一次“反馈聚会”。父母反思本周自己的表现，而孩子同样回顾自己的一周表现，以此来相互交流与分享。

“反馈聚会”大致包括 4 个主题：目标实践情况、一周表现中的“小亮点”、需要改进的“小遗憾”、下周计划等。

首先，确认预期计划的执行情况。不要消极地急于放弃，觉得自己一无是处。可以对照自己当初的计划表，看看具体做到了多少。这时尽可能具体一些，比如，本来定的计划是学习多长时间，学多少内容，但实际完成的是多少等。当然，这些确认事项要孩子自己来完成。除了完成比例，还要体现具体的分量，这样才便于区分做得好与不好的部分。

其次，在了解了预期目标达成比例之后，就可以看看具体成绩。并不是要做到百分百完成，才算是成绩，哪怕只完成了 50%，也要肯定。比如，孩子刚开始时并不容易集中精力，总是来回走，坐不住，但是临近周末时，他自己意识到这样做不好，于是周五那天终于能一心一意学习 3 个小时。这时就可以看做是成绩，即“小惊喜”。

采用这种反馈方法最重要的原因之一，就是避免孩子犯同样的错误。如果要达到这种效果，孩子就要懂得独立分析自己的“小遗憾”，认清哪些是自己需要进一步努力和改进的部分。而如果要找出自己的不足点，进行深层分析并找出解决方案，就要刻意去培养这方面的能力。如何才能培养这种能力呢？答案是在平时的实践过程中，哪怕是很小的成功，也要从中汲取宝贵的经验，懂得自我鼓励。在这个过程中，孩子肯定会体验到由衷的成就感，同时对于自己尚未达到的目标，心存遗憾。

最后，在总结“小遗憾”时，要具体一些。类似“太懒了”“没尽力”等评判太过于模糊和笼统。而且，与这种结论相对应的解决方案，顶多是“下周必须更加努力”等空头支票。

“小遗憾”分析得越具体，解决方案就会越具体。一旦弄清原因，并通过努力逐一排除这些因素，问题就会迎刃而解。如果再发扬“小惊喜”，下周肯定是更加美好的一周。懂得自我反馈的孩子，肯定能不断地进步和成长。通过扬长避短，学会为自己“筛选”更加明朗的明天。

解决方案 2：在实践过程中找出“小惊喜”和“小遗憾”

阿尔贝特·施韦泽博士（Albert Schweitzer，1875 ~ 1965 年，是 20 世纪人道精神划时代伟人、一位著名学者以及人道主义者，于 1952 年获得诺贝尔和平奖，被称为“非洲圣人”。——译者注）曾说：“示范并不是影响别人的最佳方法，而是唯一的方法。”许多父母认为，指出孩子的过失，给他一些行为上的指点是一种善意的提醒，但这只是父母自己的想法而已。在孩子看来，这些都无异于老掉牙的唠叨。因为没有付诸行动的提醒，不可能吸引和感动他。

我在前面介绍过计划实行反馈法，父母如果希望自己的孩子认真实行，最好是自己以身作则实践一下。父母给自己规定一个“反馈时间”，然后严格遵守，就像期望孩子能够做到一样。当然，二者的具体内容是有区别的。对父母来说，可以制订一些 “每天运动 20 分钟”“每天告诉孩子‘我爱你’”“不冲着孩子发脾气”等琐碎的目标。

坚持一周后，查看一下自己的实践情况，并找找这些小努力所带来的可喜变化。如，刚开始对孩子说“我爱你”，总觉得难为情，不好开口，但是经过一周的努力，发现自己的内心变得温暖柔和了。当然，除了这些“小惊喜”，肯定也有不尽如人意的地方。所以还要整理一下自己的“小遗憾”。例如“开始两天坚持得很好，但到后来就有点控制不住，最终还是冲孩子发了一次火。看来一口吃成个胖子，还是有一些困难。下周得改改，别的暂且不敢保证，但是至少孩子吃饭慢的时候，必须忍住不冲他发脾气。”用这种方式来自省和反思，并列出改善方案。

重要的是，父母在这种亲身实践的过程中，可以体会到改掉一个坏习惯有多么难。一旦有了这种深切的感触，在与孩子交流的过程中，就能进行更为深入的对话了。当彼此间能够深入交流时，也就能达到真正的交流目的了。父母在亲身实验一个月，感觉时机成熟时，便可以推出“家庭反馈日”，针对各自的实践情况，彼此交流经验和教训。此时应注意以下几点。

第一，“家庭反馈日”并不是批判大会，而是彼此交流各自生活情况的时间。父母千万不要拿着孩子的反馈表咄咄逼人，非要弄得像个批判大会一样，对他指指点点横加干涉。要知道，此时的重点是彼此交流和倾听。

第二，父母要拿出足够的诚意，耐心地倾听孩子的话。在他说话的过程中，不要打断，也不要急于给他所谓的解决方案。要做到耐心地把话听完。

第三，即使孩子的“小惊喜”很琐碎、很微不足道，也要给予积极的肯定和支持。也许孩子的成绩和大人的预期目标相比还很遥远，有诸多令人不满的地方，但是对于他付出的努力，应该给出足够的肯定。对待成绩和不足点，要用客观、公正的眼光去看待。切不能因为有不满意的地方，就连成绩也一并否定。我们小时候经常会听父母数落：“要是做不好，就干脆别做算了！”如今我们为人父母，却依然向孩子重复着这句老话。其实，相比因噎废食，一点点尝试和坚持才是更重要的。所以不要死抓住那些“小遗憾”不放,尽可能多去关注孩子的“小亮点”、“小惊喜”。

第四，之所以要整理出“小遗憾”“小失误”，为的是不再犯同样的错误，因此要给孩子足够的时间和机会，鼓励他认真回顾和反省。即使孩子的行为在大人眼里不是很满意，也不要劈头盖脸地当面斥责，或者倚老卖老一味说教，而是耐心地听听孩子的心声，以便了解究竟是什么原因导致这种“小遗憾”发生。随着谈话的深入，孩子也有可能表现出敏感和警惕心理。这时父母要尽量把语气放柔和一些，让他感觉到父母并没有指责他的意思。有时候父母不去插嘴，仅仅是耐心而真诚地去倾听，给他自己思考的机会，孩子也会取得切实的进步。

解决方案 3：充分认可、信任和肯定孩子

当孩子想要按照自己意愿去做某件事情时，许多父母不肯放手让他

试试。因为在父母看来，明明有更有效的方法，但孩子却偏偏用南辕北辙的方法去尝试。他们会把孩子的这种做法当成是对自己的反抗，甚至指责他为什么这样叛逆。

请父母不妨想想，孩子在这世上只不过生活了十几年而已，相比大人，无论是年龄还是经验，肯定没有可比性。由于经验和常识有限，就算是深思熟虑后的选择，肯定也很难达到父母的期望值。在父母看来令人匪夷所思、差劲到底的选择，对孩子来说也许是尽了最大努力的最佳选择。父母不能把孩子的这种决定当做叛逆的表现，应对孩子在有限的知识和经验的前提下作出的这种最佳选择给予充分认可和接纳。

父母一旦对孩子表示信任和包容，他就会变得坦率真诚，而不是试图辩解和找借口来搪塞。因为从父母那里，孩子已经得到了宽容的信号，即使是做错了也不会被指责，因此解除了自己的防备心理，能够坦然地就事论事。父母要理解和体谅孩子，虽然他做事的效果不尽如人意，但要相信他已经尽力了。父母的这种认可，才能换来孩子的信任。

做个顾问式父母，第一步，就是要信任自己的孩子。尽管现在他做的事漏洞百出，并不代表他在将来也会是这个样子。有时候孩子甚至会做出让父母哭笑不得的事，但是父母要给孩子足够的信任。相信孩子一定不会辜负父母的期望，一定能走好自己的路。如果没有了这种认可、信任和肯定，只能把孩子养成长不大的大人。

第10章

要孩子做的事他偏偏不做

妈妈口述烦心事

“磨破嘴皮，女儿就是不肯打扫脏乱房间”

我女儿到处乱丢东西，房间脏乱不堪，怎样才能改好呢？一周前，我告诉孩子自己的房间要自己收拾。结果，女儿夸下海口说自己以后每天都会收拾房间，要我别管。因为她信誓旦旦地说没问题，我也半信半疑地决定观察几天，这两天就一直没去打扫她的房间。

可事实上，女儿每天早晨起床后，穿上衣服就上学，根本没有收拾房间。结果，我发现她屋里乱得简直无处落脚，换下的衣服扔得到处都是，桌子上就好像刚经过大扫荡一样乱七八糟，吃过的零食袋堆积在一起发出阵阵霉味，掉下的头发一团一团地在地上滚来滚去……总之，她的房间就好像小偷光顾过一样，一片狼藉。

每次打开女儿房门时，我都觉得热血直冲脑门，但也一直忍耐着没有说。我情愿相信不是女儿不想收拾房间，而是真的没有时间。可一天又一天，一个多星期过去了，到处乱丢的东西依然安静地躺在那里。女儿属于过敏性体质，而且还有哮喘。如果不及时打扫卫生，换新鲜空气，很容易就会犯病。所以，以前我工作再忙，身体再不舒服，也都要坚持每天替她收拾房间，以至周围的人都笑话我有洁癖。

昨天，我实在看不下去了，就和女儿谈了谈。

“你看你这屋子都乱成什么样子了？你不是说自己房间自己打扫吗？”

我耐着性子，极其平静地说了一句。即使这样，女儿好像还是感到有些受伤，表情瞬间就僵硬了。我装作没看见，继续说道：

“你这样不通风换气，屋里到处是灰尘，再犯过敏症和哮喘怎么办？”

“知道了，我一会儿就收拾。”

“你现在就收拾吧，刚才不也没在学习吗？”

“妈妈以为只要不在学习，就什么也没有做吗？我都说了，一会儿收拾。”

“一会儿是什么时候？每次都说大话，这哪里是卧室，简直就是垃圾场。”

我的初衷原本不是这样的，但女儿不但不承认错误，还跟我顶嘴，让我不知不觉间提高了嗓门。

“不用你管，这是我的房间，我又没有让你帮我收拾，干嘛又来找茬？”

“什么，找茬？你这孩子真是！不想收拾就不要咳嗽嘛，屋子都成这个样子了，怎么能不犯哮喘？”

“知道了，我决不咳嗽，在屋里也戴着口罩，行了吧？”

然后，女儿一把将我推出门外，把门锁上了。天哪，真是太过分了。我一时哭笑不得，真不知说什么才好。原以为自己跟她摊牌，她会承认错误，马上打扫卫生，从未想到她会如此激烈地反抗。老师，您说孩子进入青春期都会变成这个样子吗？无论如何，一个女孩子看着自己像垃圾场一样的房间无动于衷，我怎么也无法理解。

以前，我让女儿去商店买东西或打扫卫生，她还算比较听话的。尽管收拾得不够干净利落，但看到东西放得乱七八糟，总会收拾起来。可现在这是怎么了呢？周围朋友只知道女儿是成绩优异的模范生，只怕没人会想到她在家里是这个样子。听说有些女人把自己打扮得花枝招展，家里却乱得一塌糊涂。我担心女儿长大了也会变成那个样子。先别说学习，连自己的小屋都整理不好的孩子，长大了能有什么作为呢？

郑妍恩　家庭主妇　一位12岁女孩的妈妈

读懂孩子心

父母眼里重要的事情，孩子未必觉得重要

父母们都认为自己对孩子的期望并不高，只是希望他能早睡早起，及时收拾房间，整理书桌，衣服挂在衣架上等。这些对他而言，应该是最基本要求了，而孩子连这都达不到，父母当然要唠叨了。那么，到底是什么原因呢？难道孩子生性懒惰，生活习惯不良，都不愿意听父母的话吗？只怕并非如此。

我们暂且回到父母的中学时光吧。请问，各位父母上中学的时候，都是学习优异、生活习惯良好的模范生吗？只怕未必。也许一样做着让父母不甚满意的事情，听着和自己现在一样的唠叨吧。也就是说，小时候的父母和现在的孩子，情况是差不多的。

那么，小时候不收拾房间、生活习惯不良的父母，是什么原因让他们变成今天的样子呢？原因很简单，对青春期而言，整理房间、打扫卫生并不重要。孩子不是因为年龄小，才不去考虑这些生活上的问题，只是因为那些事情对他而言并不重要。对孩子而言，与朋友玩耍比打扫房间重要，看电视远比收拾书桌急迫。更何况，那些事情即使孩子不做，也会有父母去做，打扫卫生这种事在优先顺序上自然排到后面了。

孩子努力做事，却只换来父母的不认可

孩子忽视生活问题的另一个原因，就是每当自己做过以后，听到的

更多的是父母的唠叨，而不是认可与表扬。孩子自以为努力做了，而且感觉做得不错，但父母却会责怪他不好好做事，什么都做不好。这样一来，孩子当然会不高兴了，心里想着反正做与不做都要挨父母批评，干脆不做也罢。对于孩子的这种想法，父母可能会说："那就好好做嘛。"

在此需强调的一点，就是父母与孩子心中"好好"的基准并不相同。孩子认为自己做得已经很不错了，但在父母眼里却远远不够。所以当孩子整理好房间时，父母看着总有不满意的地方，难免唠叨"这个怎么放这儿了，做事要认真……"这种情况反复发生几次后，孩子会认为父母是在故意找借口批评自己，于是干脆放弃整理房间等事情。

有些孩子确实不擅长整理东西，这时父母不要奢望他们按类别整理衣物，被褥叠得整整齐齐，书桌整理得干干净净……当然，作为父母当然希望孩子能把东西整理得井井有条，同时认为青春期孩子应该有能力做好。但那些都只是父母的想法，有些事情并不是孩子年纪大了就会明白，就能做好的。如果孩子是听话乖巧的小学生，可以教孩子如何打扫房间，但如果他已长大上中学了，只怕教起来就没那么容易了。再说，表面上看是父母在教孩子做，但十有八九都是父母强迫孩子去做。

那么，父母到底应该怎么做呢？难道就这样放任孩子不管吗？当然不是。生活习惯将影响孩子的一生，所以小时候培养良好的生活习惯非常重要。如果孩子不打扫卫生就会影响他的健康，每次都因找不到东西而烦躁不已，父母就更不能袖手旁观了。

专家为你解忧

解决方案 1：不只要孩子做，更要告诉他具体应该怎么做

"你看你这屋乱成什么样子了？这哪里是人住的房间，简直就是垃圾场嘛！也不怕别人看到。既然都说了自己会收拾房间，那就说到做到

嘛！你这就算收拾完了？天天就知道吹牛，没有一件事做得像样。还不赶紧起来给我收拾！”

看到东西放得乱七八糟的屋子，妈妈肯定会不由自主地讲出这些话。如果这时孩子恰好正在玩游戏，那妈妈讲出来的话也许就更难听了。

我非常理解父母这种忍不住发牢骚的心情，但这对纠正孩子的不良生活习惯并不会有任何帮助，那只是父母在发泄对孩子的愤怒而已。

重要的是，**父母要让孩子清楚自己到底哪里错了。也就是说，父母有必要将对孩子的期望客观、具体地告诉他。**这时尽量不要使用“天天”“总是”“一点儿也”等词，要保持冷静，尽可能客观地说明。

比如，孩子不打扫房间，屋子变得乱七八糟时，可以这样与孩子进行交谈。

妈妈：（先自己冷静一下）说好今天要打扫房间的，可房间还是原来的样子呢。（要语气平静，千万不要恶狠狠地说“房间还是这样乱七八糟的！”）

孩子：我想收拾来着。

妈妈：噢，是吗？那为什么到现在还没有收拾呢？（语气温柔地）

孩子：其实，本来想收拾，可又觉得烦，所以就想着“再过一会儿做”，就一直拖到现在。

妈妈：原来是这样啊，是啊，有时很想做，但就是懒得动弹。不过，你这样不遵守与妈妈的约定，妈妈就会认为你根本不重视妈妈，心里会有些难过的。再说，妈妈看到你在那充满灰尘的房间咳嗽不停，心里真的好着急，好担心……妈妈也很忙，很疲倦，所以不能保证你的房间总是那么干净整洁。妈妈希望你能为了自己的健康打扫卫生，哪怕把屋里的灰尘擦干净也好。

如果父母这样一一说明，并让孩子明白父母真正的担忧，那么他也会马上承认自己的错误。孩子通常在不明白自己犯了什么错误时，才会情绪激动，如果明白了自己的错误，态度就会马上缓和下来。而且，当父母告诉孩子正确的处理方法时，他也会非常愿意马上行动。有时父母批评，孩子却依然纹丝不动，也许是在向父母示威，但更大可能是他不明白应该怎么做。因此，父母不要只是要求孩子做，而要告诉他具体应该怎么做。

解决方案 2：用“我－信息”方式与孩子沟通

“你这孩子怎么这么懒！！！”

“你这孩子，连自己房间都收拾不好，怎么可能学习好呢？”

“真不知道，你长大了要变成什么？”

“你真是快把我气疯了，为什么那么不听话！”

这些都是父母对孩子生气时经常使用的语言。这是将所有责任都归咎到对方身上的攻击性“你－信息”。父母心里认为造成这种不良状况的责任在孩子，所以传递自己想法时很容易变成一种泄愤行为。

孩子接收这些信息时会感觉自己被无视或受到了攻击，继而产生反抗心理。也许父母的初衷是与孩子好好地进行交谈，但孩子反抗的态度，正是从“你－信息”式的对话方式开始的。

因此，在进行对话时不要用“你－信息”方式，而要用“我－信息”方式打开话题。“我－信息”是将自己的立场与感受坦诚地传递给对方，以达到相互理解的对话方式。

“我－信息”对话方式的前提是责任在我，它可确保在没有谴责或攻击对方的状态下，让对方理解自己的状况，并寻求帮助。请看下面举的例子。

“我今天在外面忙了一天，已经很累了，可回到家里看屋里这么乱，真的很伤心。我觉得没有人肯帮我，也没有人理解我，好失望也好生气。我不是要批评你，只是想告诉你，我真的需要你的帮助。”

“我感觉你总是这样无视我们的约定，心情很糟糕。当然，我相信，你不是故意惹我生气，可能真的是临时有什么事情。但你今天早晨分明答应过我会打扫卫生，可现在呢？我觉得你太不把我的话当回事了。”

怎么样？听起来与“你－信息”对话方式的感受完全不同吧？只是在开头将“你”换成了“我”而已，但谈话的氛围完全不一样了。这样以“我”为主语，坦诚地讲出父母对孩子行为的感受或想法，孩子也能得到相关信息，从而理解父母心情。孩子最先得到的信息是“父母在难过”，而不是“我做错了”，所以父母讲的话对孩子而言就不再是谴责。

一旦孩子不再认为父母是在谴责或批评自己，就不会采取反抗的态度。随后，对话将自然展开，即使父母指出了孩子错误的行为，他也不会感情用事。

那么如果父母心情不佳，以“你－信息”的方式爆发了，应该如何应对呢？这时，请父母暂时冷静一会儿，再用“我－信息”方式重新开始谈话。请看下面举的例子。

“你的呼吸道本来就不太好，屋里又这么多灰尘，我真的好担心。刚才你一咳嗽，我一着急，说话语气重了些，对不起。你不会怪我吧。”

当父母以“我－信息”方式重新开始谈话时，孩子即使之前心情变得很糟糕，也会马上原谅父母，并努力去理解父母。

“原来妈妈一直都很担心我咳嗽，如果我早早打扫干净了，妈妈也就不会这样了。今天我要好好表现。”如此，孩子会努力去理解父母，并思考自己应该怎么做，积极付出行动。

父母这样通过“我－信息”方式开始谈话时，孩子也会一点点发生变化。当父母们听到我的建议时，开始都会半信半疑地说：“就这个，能解决问题吗？”但他们实际应用后，都表示特别惊讶。只是改变了一下谈话开头方式，竟让孩子发生如此大的变化。其实，“我－信息”对话方式不仅对于孩子，就是成人之间进行交流时也非常适用。

解决方案 3：一起制订切合实际的方案

父母用“我－信息”方式打开了沟通窗口后，就要与孩子一起寻找切合实际的解决方案。很多父母会因孩子生气上火，经常批评他，但很少有人积极采取行动去纠正孩子不良习惯。而且，尽管心里非常希望孩子能够培养良好的生活习惯，却始终无从下手。

在此我提醒一下，在摸索解决方案时需注意一点，即找出的对策一定是父母与孩子双方协商并满意的解决方案。大部分父母认为自己的要求正当合理，孩子就一定要服从，所以常常强制性地推进，但这并不是有效的解决方案。制订的方案既要达到父母一定的要求，又要切实可行，是孩子经过一定努力能够实现的。在此过程中，父母要尊重孩子的想法与感受，充分考虑他的意见。只有这样，孩子才会产生责任感，积极努力去实践。

为找出解决方案，要注意以下几点：

首先，父母要判断与孩子间的矛盾因素到底是什么，并要充分交流发生这种冲突时彼此的感受或想法。有些时候，尽管父母非常生气，但孩子却根本没注意到。交谈矛盾因素时，千万不要让孩子有父母在谴责或批评自己的感觉。尽可能地排除感情因素，要努力利用“我－信息”对话方式展开话题。

其次，在确定矛盾因素后，就要进入下一阶段，即讨论切实可行的解决方案。这时父母要铭记一点，即只针对一个矛盾因素讨论解决方案。如果父母提出这也不行，那也要改，协商必定失败，孩子会再次保持沉默。

此外，在讨论解决方案时，父母一定要倾听孩子的意见，要让孩子畅所欲言。

在孩子讲话时，父母千万不要打断或批评，要完整地听完。同时，不要做诱导性的提问，这只会让孩子察言观色，做出让父母满意的答复。而且父母对孩子提出的解决方案进行评价时，不要像评判试卷一样说“对”或“错”。即使孩子的意见让父母不甚满意，也不要指责或批评孩子。请一定记住，与孩子进行协商的最终目的是帮助孩子培养良好的生活习惯，并寻找让他主动去实践的方法。

在制订解决方案时，父母千万不要急功近利，一下子要求孩子做很多事。比如，孩子会说“我会好好整理书桌”，而父母却希望孩子整理书桌、书柜、衣柜、床、地板等。这时父母即使感觉孩子没有诚意，也要表示认可。因为他愿意去做，就表示已经接近成功。

在讨论各种方案后，就要确定双方都感到满意的最终解决方案了。切记，如果有一种方案父母感到满意，但孩子实践起来有困难，那就不是最好的解决方案。

第三，在确定解决方案后，还要规定具体实施方法。比如，将孩子“整理衣服”确定为解决方案时，就要具体规定袜子与内衣脱下后要立即送到洗衣筒里，外衣换下后要马上挂到衣架上等事项。如果不具体规定实施方法，在实施过程中就会出现误会。不过，父母只能规定两三条具体实施方法，其他的要让孩子自由决定。

最后，在结束协商时，不要以威胁似的语气告诉孩子“你自己说的，一定要办到！”要告诉孩子这是他与父母的约定，同时也是相互间的关心。

即使是通过再多的交谈与探索得到的解决方案，因为孩子还未实践过，所以并不能保证就是有效可行的。因此父母要保持灵活的态度，要告诉孩子：“我们先试一下这么做有没有效果，然后再谈吧。”在这个过程中，重要的几个核心点是：让孩子感受到自己的意见得到了足够的重视与尊重；学习对自己的言行负责的态度；即使有不足，也能在不断的改进中得到成长。

解决方案 4：与其指正孩子的错误，不如表扬他的优点

虽然制订了方法，但在实施过程中，你还是会发现一些不尽如人意的地方。不过，孩子不能遵守与父母的约定，有很多种原因。可能是因为他太疲倦就直接睡觉了，也有可能因忙着其他的事情忘记了。在这种情况下，父母应关注的一点是孩子并没有忘记约定，一直在努力遵守着这个约定。即使他没有按照最初的约定去实践，也不要马上谴责或讽刺挖苦他。相反，只要孩子有一点点进步或努力的痕迹，就要及时给予认可与表扬。比如，孩子答应会好好整理书桌，而实际上一周只完成了两天，这时就要认可并表扬孩子那两天的努力。

“这周你有两天整理了书桌，我看桌子好干净好整齐，觉得好开心。”

表扬孩子以后，可以再次鼓励孩子更好地遵守约定。这时，孩子会因自己的努力得到了父母的认可而感到特别自豪，同时会为那没有遵守约定的 5 天而感到内疚。即使父母没有追究，他也会自我反省，决心今后要更加努力完成与父母的约定。如果父母以宽容的心态认可孩子的努力，他也会丢掉反抗和防御性心理的。

播下种子，用心浇水，耐心等待，总会等来一片茂盛的森林。人们都明白这个道理，所以丝毫不怀疑地勤奋耕耘。没有人因播下的种子没有马上发芽，而重新挖出种子。同样地，即使发出来的小苗不够挺拔，也不会有人去连根拔出，只会注入更多的关爱，让其早日开花结果。孩子就是一粒种子，不要因为撒下后尚未发芽，或尽管发芽却不够茁壮，而马上就放弃它。

第三篇

帮助孩子学会自主学习并提高成绩

一听到手机滴滴声、QQ的叩叩声，他马上停止学习。没收手机、给电脑设密码这些措施是长远之计吗？

考试考砸了，他却怪补习班，从来不从自己身上找原因。大声呵斥能让他认识到错误吗？

他偏科厉害，只喜欢自己感兴趣的科目。放任不管能扭转这种局面吗？

成绩就像坐过山车一样，总是上下波动。着急上火能解决问题吗？

第11章

面对种种诱惑，无法埋头苦学

妈妈口述烦心事

“手机不离手，作业不想做”

时间已经不早了，儿子却一直不回家，我焦急不安。老公还在气头上，撂下狠话，除非儿子自个儿回来认罪，否则不许我管。我被爷俩弄得左右为难。

我早就嘱咐过儿子，当着他爸的面少拨弄手机。可他就是听不进去，还满不在乎地拿手机和同学聊得热火朝天，终于把他爸给惹怒了。老公向来都是寡言少语，对于边吃饭边看电视或聊天都很反感。儿子就在老公眼皮底下嘻嘻哈哈地发短信聊天，以老公的脾气，怎么可能看得下去呢，于是他一把夺过儿子手里的手机摔在地上。看到这一幕，儿子也来了驴脾气，竟然顶撞他爸。虽然儿子平时对我这个当妈的一点不害怕，但对他爸还是敬畏几分的，从来不敢顶撞。没想今天却涨红了脸，质问他爸为什么要摔手机。老公无法任儿子这样撒野，就打了他几下，结果这孩子一气之下就摔门而出了。

老公没地方撒气，就冲我发脾气，问我为什么要给孩子买智能手机。

这真是天大的冤枉。这手机并不是我买给他的，而是他自己用平时存下来的零花钱买的。的确，他是曾央求过我给他买个手机，天天缠个不停，但每次我都坚决反对，从没答应。没想到他竟自作主张买了个同学的二手手机。

因为这事儿，我还和儿子闹僵了一段时间。

“你有没有脑筋？我说了不许买，怎么还自作主张？”

“我用我自己的钱买也不行吗？人家承秀早就换了个最新款的手机呢。”

“少给我废话。赶紧把手机给退了，把钱要回来！妈给你零花钱可不是叫你买手机用的！要是让你爸知道了肯定又不得消停，快去还给人家！”

没想到儿子竟然红着眼眶，同我争辩起来。

“为什么我做什么妈妈都反对？人家都是父母主动给孩子买最新款手机，我却用自己攒下的钱买二手的，这有什么不对？你们知不知道我多想要一部手机啊？”

说完他竟呜呜哭了起来。这孩子，空长了个子，内里还嫩着呢。他这么一哭，我不免心软起来，怀疑自己是不是真的太过分了，于是网开一面，让他玩手机小心点，在他爸面前绝对不可以用，而且学习时必须交给妈妈保管。他倒好，手机天天不离手。前段日子是一个劲地忙着发短信，最近又迷上了聊天软件。本来说好写作业时手机交给我保管，结果每当我要约法三章时，他却根本不配合。没办法，我只有让步，叫他写作业时把手机关掉。但效果还是不好，短信提示音响个不停，有时甚至上厕所他也要带上手机，看得我火冒三丈。有时我真想质问乔布斯先生，为什么发明了这么个东西，祸害学生。

养个孩子真是不容易。暂且不说学习怎样，就说现在随处可见的智能手机、电脑、电视这些花样百出的科技产品，都已经完全迷住了孩子的眼睛和心智。这些产品都是客观存在的东西，我也不能因为自己不喜欢就请它们从地球上消失……

前段时间，儿子沉迷于玩游戏，于是我干脆把电脑搬到了大厅。他倒好，竟然一边看电视一边打游戏。我忍无可忍，狠心地把电脑线给剪断了。

在他上小学时骂他两句，他还勉强听得进大人的话，现在个头高了，有主见了，对大人的话也充耳不听。眼看着要升入初三了，再不学就真来不及了，可这些生活中的种种诱惑实在是让人头疼得很，真不知要如何是好。

吴英子　护士　一位14岁男孩的母亲

读懂孩子心

时代变了，烦恼也跟着“与时俱进”

当今时代，凡是家有儿女的家庭，肯定都因为电脑、手机这类产品而跟孩子大争小吵过。正如前面提到的这位母亲，为孩子沉迷于手机无法集中学习感到煞是苦恼。尤其是家里有男孩子的家庭，通常都会因为孩子迷恋游戏而感到头痛。父母对此一筹莫展，于是每次都上演剧情相似的争吵。孩子的日常起居父母不可能一一过问，即便是说了，孩子也未必听得进去，所以在父母看来，这只能是令人血压升高的烦恼事。

有些父母为了不影响孩子学习，干脆移除电视，没收手机、电脑，从源头上把耽误学习的种种诱惑给掐断。好在这种方法多少能见效，没了这些干扰因素，孩子就能集中精力去学习，而且没了电视后，父母也不用惦记着看足球、电视剧，而是转而看书、做运动，以此来消遣时间。最初只是为了不影响孩子学习才做的这些举措，一旦实行后却收到了一石二鸟的效果，对孩子和父母都起到了积极的作用。

然而，使用这种极端方法的家庭毕竟是少数。因为父母也有自己的乐子和兴趣，不可能轻易放弃。他们的目的是避免孩子受到外界诱惑的干扰，而不是为了孩子的学习而放弃大人喜欢的电视剧或体育节目。

假设孩子放学回家时，妈妈正在沙发上看电视剧。这种情况下，他不可能自己进屋去写作业，而是很自然地粘在妈妈身边一起看电视剧。于是妈妈会唠叨不停，责备孩子不去学习。试想一下，有几个孩子能在听了妈妈的话之后醒悟："我不能看电视，我必须去把作业完成了！"然后坐在书桌前埋头做功课呢？答案当然是否定的。面对这种情形，可能所有的孩子都会反驳："为什么妈妈看就行，我看就不行？"

假如孩子放学回家时，妈妈能立即停止看电视剧，把电视关了，那么下面会发生什么呢？他是不可能重新打开电视看的。目睹了妈妈在特定时刻能够做到自我控制，他就会不再迷恋于那些诱惑，果断地从诱惑中走出来。

孩子的自制力，离不开父母的影响

对抗诱惑，实际上是考验孩子的自制力。我们都知道，问题不在于手机，而在于孩子学习时无法控制自己，依然把心思放在手机上。如果他能在学习时主动将手机关掉，或设置成振动模式，即便来了短信或聊天提示也不去理会，父母自然就不必担心什么了。但孩子管不住自己，来个短信或电话都要一一确认才放心。有时候觉得学习无聊了，手痒痒了，还要玩弄一会儿手机。因此想要从根本上解决这样的问题，就要培养孩子的自我控制力，让他懂得坚决抵抗身边的诱惑。

通常，孩子的自制力与他的生活习惯及父母的自制力有很大的关系。而在家庭中，父母平时的生活态度不仅对孩子的习惯形成起到直接作用，还对价值观的形成带来很大的影响。如果父母过惯了无节制的生活，孩子也会习惯这种生活方式。成年人中，缺乏自制力的人也不在少数。他们通常酒席一个接一个，甚至一个晚上换几个地方喝。懂得适可而止、自我控制，这对大人都是个考验，更何况正值青春期的孩子，无论从情绪还是心智上都处于起伏很大的阶段，要自我控制抵抗诱惑，谈何容易。

如果父母的生活习惯无节制，即便再怎么口头上劝说和唠叨，孩子也不会心服口服去改正的。因为他模仿的并不是父母的语言，而是行为举止。尤其是青春期孩子，对于父母的口是心非一目了然，在他们眼里，这样的父母早就没什么威信可言了。因此，如果希望孩子形成良好的习惯，父母自己就要以身作则，起到表率作用。无论是对待诱惑还是其他，父母的作用和帮助都是至关重要的。

专家为你解忧

解决方案 1：与其说教，不如以身作则

我有个朋友经营网吧好几年。他曾跟我讲过一位特殊的网迷。一个小学五年级的男孩，每逢周一、周三、周五，都要领着弟弟来上网玩游戏，而且每次都是只玩 1 小时就回去。如果是其他孩子，可能刚开始时想的是只玩 1 小时，一旦投入地玩起来，通常都会顺其自然地续 1 个小时。但这个小学生每次都规规矩矩地只玩 1 个小时，时间一到，他就毫不留恋地立刻起身离开。对于这个年龄的孩子来说，能做到不拖泥带水实在是太难得了。朋友忍不住问那孩子如何做到每天只上 1 小时、到点就不玩的，他两眼炯炯地回答：

“跟妈妈约好了，就玩 1 个小时。”

“不过，你心里肯定还想玩不是吗？”

“想玩是想玩，但也得忍着啊。要不去补习班就得迟到了。”

小网民露出依依不舍的样子，却毅然牵着弟弟的手离开了网吧。

我这个朋友觉得小家伙实在是太可爱、太难得了，于是每次他们来的时候，他都会给他们点零食，或者少收上网的钱，遇到不忙时，还会有一搭没一搭地问话。当然，作为同样为人父的朋友，最好奇的就是这两个孩子的父母了。到底是什么样的父母，能把孩子教得自制力如此强？从孩子口中得知，他们的父母对于同孩子的承诺，从来都是说到做到，一次也没有爽约过。正是父母这种说一不二的态度，无形中为孩子树立了做事理念。看着孩子对自己父母深信不疑的样子，我那位朋友有感而发：所谓言传不如身教，以身作则不愧是最好的教育方式！

如果父母希望孩子放学回来第一件事就是好好做作业，不看电视，那么很简单，只要自己不看电视就好。如果孩子不顾劝说，依然执拗地想要看电视，父母就可以这样告诉孩子：

“从现在开始，为了不影响你的学习，妈妈决定以后尽量不去看电视了。如果妈妈看电视，你肯定也想看。所以我会尽可能去控制好时间。如果你有非看不可的节目，可以看，但看完那个节目之后，必须马上关掉电视。能做到吗？”

父母表了态，并果真不去看电视时，孩子也会有自己的想法。如果这样坚持一天、一周、一个月，持续不断给孩子树立言而有信的榜样，他在对待看电视的问题时，也会变得更加谨慎、理性了。

有些孩子手机不离手，甚至上厕所也要带上，很让父母头疼。不过，请父母不妨回顾一下自己平时是如何对待手机的。在平常的生活中，是否也是手机始终不离身？如果是，请立即丢掉这个习惯。如果正在忙事情时有人打来电话，可以郑重地告诉对方：“我现在有重要事情要办，不方便通话，请晚些再打过来。”

然后放下电话继续专注手里的活。使用电脑时，也不要盲目浏览网页或做些不相干的事情，处理好文档或发完邮件后就立刻关掉电脑。父母面对诱惑时所表现出来的冷静以及严于律己的表率行为，往往比口是心非的说教更具效果。

有句话说道：“想让孩子多读书，那么请父母自己先读书。”当父母为了给孩子做榜样，坚决地抵抗诱惑时，孩子也会由衷地钦佩父母，并体会到他对自己的重视和关爱。当父母对他提出要求时，也不会再一味地抗拒和叛逆，而是主动试图去控制自己。这种难得的自制力，将成为孩子人生中的一笔宝贵财富。

解决方案 2：尊重孩子的兴趣，给孩子创造良好的学习环境

推开孩子的房门，四处散落的衣服、杂乱不堪的书桌、墙上贴满的

明星画报……除了叹息，只有无奈。看到这副脏乱的景象，父母不免又要唠叨不停，孩子呢，则一边嘟囔一边懒懒地收拾屋子。

其实，烦恼的并不仅仅是父母。孩子自己也希望能把屋子弄得清爽整齐，利于学习。但通常他也不知道该怎么收拾和整理，所以才会干脆放任不管。有些孩子是习惯了妈妈替他操办一切，所以即便自己不满意，也不会干涉。免得按照自己意愿重新整理时，又招来妈妈的一顿唠叨。

孩子上中学时，往往会变得张扬自己的个性。对自己的事情，尤其是自己的房间，都有着强烈的隐私意识。如果房间能装扮成自己喜欢的样子，他当然会感到更加舒适和安定。当然，倒不是说要把房间改成游乐园，而是在适合专心学习的前提下，尊重孩子的审美取向。一旦明确了目标，就放手让孩子装扮自己的房间，给他一个自我改善学习空间的机会。

书房里妨碍学习的因素，统统找出来

在改善学习空间之前，首先要排除妨碍学习的因素。父母可以同孩子一起对照表 11-1，测一下他的书房环境是否有以下干扰因素。

表 11-1　孩子学习环境干扰测评表

干扰因素	Yes	No
1. 书房，尤其是书桌是否整齐有序？	☐	☐
2. 书桌和座椅的高度是否适宜？	☐	☐
3. 灯光亮度是否适合长时间学习，不易导致眼睛干涩、疲劳？	☐	☐
4. 室内温度、湿度是否适宜？	☐	☐
5. 有没有干扰既定目标、决心和理想的负面因素？	☐	☐
6. 有没有分散注意力的干扰因素？如手机、电脑、漫画书、小说、床铺、明星画报等。	☐	☐
7. 父母的唠叨、幼小弟弟妹妹的动静是否构成干扰？	☐	☐

请让孩子自己来找找，看看具体是哪些因素成为妨碍学习的罪魁祸首。即便孩子的想法和父母的有出入，也请尽量尊重他的想法。当然，对于电脑、手机等干扰因素，可以和他重点讨论一下具体使用规则。

琳琅满目的明星画报，在父母看来无疑是影响孩子学习的干扰因素。但对孩子来说，也有可能成为他奋斗的动力和目标。据说，有个女学生特别喜欢某位知名男艺人，得知那位男艺人在一次采访中透露自己喜欢具有知性美的女子后，这位女生便热爱起读书来。为了将来在相遇时，能让自己在众人中脱颖而出，使得对方一眼发现自己，女孩拿出了前所未有的火一样的热忱去看书和学习。如果父母不了解孩子的心思，认为墙上的明星照碍眼、妨碍孩子学习，就去撕掉它，试想这位女学生会作何种反应？

哪些因素对学习构成干扰，哪些有助于学习？对于这些，孩子有他自己的标准和判断。因此，父母不必为那些看上去有碍孩子学习的因素感到担忧。如果那些因素真的构成了干扰，到时候再要求他改正也不迟。当他意识到自己当初所做的选择实际上存在问题时，也就不再会对父母的要求提出异议了。因为青春期孩子已经有了一定的是非判断能力，也懂得权利义务相伴的道理。

帮助孩子亲手改善学习环境

前面讲到，我们的目标是找出妨碍学习的干扰因素，创造良好的学习环境。一旦这个目标确定，就可以付诸行动了。为了换个氛围，可以把家具改变一下格局，重新摆放一下，或者添置新的物品。还可在条件允许的范围内，购买和更换新品。随着孩子的身高不断增加，小时的桌椅可能已经不再适合现在使用了。这些不仅会妨碍孩子学习，还会阻碍他身体的发育，因此最好是购买高度适宜的桌椅。尤其是灯光方面，千万不能忽略，一定要检查一下孩子学习时灯光是不是过暗，或者有没有其他不适问题。

有些物品并不是非买不可，但如果孩子提出要求，也可以尽量去满足。当然，并不是让父母对孩子有求必应，把孩子想要的全部买回来。父母可以给他一定金额，放手让他自己决定。一旦把“经济大权”交给孩子，他会表现得更加谨慎。我身边就有一些女孩，她们为了节约成本，自己买来布料，利用自己的手工特长亲手制作靠垫和窗帘，装扮自己的房间。

一旦有了选择权，孩子就会变得积极主动，也愿意对自己的选择承担责任。千万不要因为信不过，就一味地拒绝他的要求。重要的是给他自由发挥的机会。

解决方案 3：督促孩子贯彻“21 天习惯养成”计划

父母要做的，就是让孩子认清影响自己注意力的坏习惯有哪些以及如何改掉它，培养好的学习习惯。通常以 3 天为单位，反复强调 7 次，只要 21 天，就能形成新的习惯了。我们暂且把它叫做“21 天习惯养成”行动。

首先，查看一下影响孩子注意力的干扰因素、诱惑因素或不良习惯有哪些。孩子坐在书桌前学习时很容易走神，这时父母如果看不惯，就会立刻唠叨起来：“我就知道你肯定不会好好做功课，就知道在那里玩弄手机。”一气之下，便毫不客气地没收手机。在采取强硬措施之前，父母最好给他一个反思的机会，让他认真思考一下，学习时注意力不集中，是否由于自身的某些坏习惯？比如频繁的短信、电脑游戏、网上冲浪、博客管理、电视、零食、涂鸦以及一坐到书桌前就滚滚袭来的倦意等。只要仔细回顾，就会发现原来身边一直存在着许多诱惑和干扰因素。

一旦弄清问题，就要从中选择 1 项定为目标（至多不超过 2 个）。这时千万不能操之过急，而要抱着慢慢来的心态。因为一次要改掉好几个毛病，孩子实行起来肯定会感到很吃力，而且也很容易放弃。如果我们能丢掉“一口吃成大胖子”的心态，用 21 天的时间来专心改正 1 个坏习惯，成功的可能性就会很高。以此类推，1 个月改掉 1 个坏习惯，那么1年至少能养成10个好习惯。这没有什么捷径，如果非要说捷径，那么每次养成1个好习惯就是唯一的捷径。

至于先改掉哪个习惯、如何改正，要交给孩子自己来选择。由于人的惰性，改掉坏习惯并不是一件容易的事情。如果希望在实行目标的过程中坚持到底不放弃，就要靠毅力去支撑。如果这些目标是孩子心甘情愿的选择，他肯定能为自己提供源源不断的动力。因此，还是孩子自己来确定行动目标为好。

选定1个目标后，就要检测一下可操作性。例如，目标是否具体，效果是否可测等。由于孩子没有设定目标和实践经验，因此很容易把目标简单地设定为“写作业时集中精力”或“做功课时不碰手机”等。而“集中精力”这种目标不但实行起来有难度，而且确认效果时也无据可查。比如孩子做功课，开始时还比较集中，但后来有些走神，那么，这到底应该算作注意力集中还是不集中呢？

而如果目标是“做功课时不碰手机”，实际情况又会怎样呢？如果手机就在眼前，手机铃响时电话闪烁不停，那孩子还能控制得住吗？不碰手机是不是真能做到，值得重新考虑一下。遇到这个问题时，孩子会拿出自己的一套方法。比如“做功课时手机会关机”或“设定成静音放到抽屉里”等。也有些孩子承诺备考期间会交给父母保管。由于这些条件是他自己设定的，而不是父母强制的，他就不会反感，而是乐意付诸行动。

独立制订了具体的习惯目标之后，就该付诸行动了。做一份“改变习惯”自测表，填好改掉习惯目标，并写上具体的日期，贴到醒目的地方。然后，根据自己的实践情况，把每天的实践结果分别用“○”“△”“×”标记在表格里。对于成绩的标准，也最好是孩子自己来定。

父母不用太在乎表格上面的“×”或者“○”，孩子能把这件事放在心上，用心实践，本身就值得鼓励和表扬。相比一步就做到完美，每天用心实践才是最重要的。

想要改掉一个坏习惯，免不了经历各种挫折，不可能一开始就取

表 11-2　“21 天习惯养成”行动表

只要努力，
21 天内肯定能改掉一个坏习惯！

21 天后我期待的效果！不用妈妈叫醒，自己起床！		STEP 1			STEP 2				STEP 3							STEP 4						
		容易动摇的前 3 天			一旦坚持 7 天，就开始烙印在记忆里！				已经坚持两周了！现在是关键！加油！							巩固良好习惯！						
期间	5 月 6 日～5 月 26 日	1	2	3	4	5	6	7	8	9	10	11	12	13	14	15	16	17	18	19	20	21
		5/6	5/7	5/8	5/9	5/10	5/11	5/12	5/13	5/14	5/15	5/16	5/17	5/18	5/19	5/20	5/21	5/22	5/23	5/24	5/25	5/26
目标习惯 1	7 点听到闹钟响，马上起床、刷牙！	○	△	△	○	○	○	○	△	○	×	○	○	△	○	○	△	○	○	△	○	○
目标习惯 2	21：00 后不看电视、不玩电脑，写日记！	○	○	△	×	×	○	△	○	△	△	○	○	○	△	×	○	△	○	×	○	×
目标习惯 3	晚饭后不吃零食！	○	○	△	×	×	△	○	×	○	○	△	×	○	△	○	△	○	○	○	○	△

得满意的效果。如果因为“×”占据的比例多就指责孩子，他就会为了避免挨骂而干脆排斥计划表，大有“眼不见心不烦”的意思。然而当计划表脱离了孩子的视野，他也会变得懒散。所以，父母应该把计划表张贴在醒目的地方，让孩子时刻自我确认、自我鼓励。当然，如果计划表上打了满满的“○”，无论是父母还是孩子，都会倍受鼓舞，但重要的还是摆正心态，正确看待“×”，并尝试理解“×”所具有的积极意义。因为当孩子看到“×”时，也会意识到自己做得还不是很到位，于是给自己鼓劲，告诉自己明天再用心一些。“×”也能激发孩子反思，考虑一下是不是这个方法不对，应该换个方法试试，从而全面调动起他调整计划的积极性。

借此机会，全家每个成员最好都能参与到“改变习惯”的行动中。大家一起参与其中时，彼此间也会多一些共同语言。父母也可以切实感受到面对“×”所需要的勇气，因此和孩子也会沟通得更好。

如果是全家一起参与，就可以每周进行一次“反馈聚会”。针对一周中各自的表现分享经验。用这种相互监督和鼓励的方式，来督促自己离目标更近一些。无论是父母还是孩子，都可以针对自己的习惯目标和具体实践情况分享经验，相互鼓励。这也是增进亲子关系的机会，何乐而不为呢。

针对考试结果进行奖励，并不一定能起到良好的教育作用。但是这种奖励的目的在于鼓励孩子的努力过程，而不是纯粹为了结果，可以酌情给他一定的物质鼓励。在这一点上，也不必过于拘泥形式。

第12章

学习态度不端正，父母总有操不完的心

妈妈口述烦心事

“考试考砸了还怪补习班！”

昨天偶然发现孩子丢在书桌底下的成绩单，不看还好，一看之下着实让我火冒三丈。数学和英语竟然比期中考试下降了 20 分。我还特意给他选了最好的英语补习班呢……他借口学习上用得着，向我提出种种要求，我也都满足了他。到头来他却考个这样的分数，这很让我有种被骗的感觉。气急败坏之下，我立刻给儿子打电话叫他马上回家。要在平时，儿子肯定会要求再玩一会儿，或者找别的借口不回来，但这次可能他也觉察到了我在电话这头的声音不同寻常，于是大气也不敢出地回答说“知道了”。

儿子一进屋，我就拿出成绩单质问他：

“你说说，这英语和数学考的什么？成天装模作样地学习，就考这点分？”

大概是我气冲冲的样子吓到了孩子，他只是低着头，什么也不说。

“你倒是说说怎么回事？怎么考这么差？是不是根本就没学？”

“对不起妈妈，这次考试出题很难。下次我尽量考好。”

“考试要是不难，我还花那么多钱送你去补习班干嘛？你知不知道那家补习班有多贵？总不能让我花冤枉钱吧？你倒是给我好好考啊。瞧你这算什么？”

“对不起。妈妈。”

“马上就初三了。你还想不想中考了？要是不想学，趁早给我回家，补习班什么的也不用去了。”

没想到孩子听了竟然面无表情地表示愿意照办。我只是一时情绪激动，口无遮拦，儿子却作出这种反应，让我更生气了。不过我也马上意识到，是不是我的言辞过于严厉，才会激起他的叛逆心，以致适得其反，让他作出南辕北辙的决定。于是我尽量让自己恢复平静，然后心平气和地重新问他。

“你刚才什么意思？是不是真的不想再上补习班了？”

“是的。我觉得补习班不适合我，还不如自己学的好。”

“你的意思是考试考砸了都怪补习班？”

“说实话，不排除这一点。”

本以为他会乖乖认错，没想到竟说出这种话。要是以前，肯定免不了一通骂，但光生气也不见得能改变什么，于是我决定好好劝劝他。看他的神情，应该不是气头上随口说的。还是先好好问问他的想法再说。

“当初你说数学和英语基础差，所以才给你报的那个补习班。你说过别的科目先放一放，先过了英语关再说。现在呢，你却把成绩下降都归咎于补习班，是不是有点不负责任？是不是要先反省一下，这段时间你到底有没有真的努力啊？”

“妈妈，我承认备考期间我没有好好用功学习。但以前我也说了，上补习班对我没什么效果。所以补习班我是真的不想上了，我想自己学。”

任我好言相劝，他依旧执迷不悟倔犟得很，于是我又没了耐性，再次提高了嗓门。

“你还跟妈妈顶嘴？考了低分，好好认错就算了，你倒好，连补习班也不想上了。你说说，要是真的不去上补习班了，你能自己好好学吗？”

“我不是说了好几遍吗？每次妈妈都不当回事。反正我是不愿意上什么补习班了，所以也别花冤枉钱了。刚才妈妈不也说了吗，我不想上就可以不上。”

“你这孩子，那不是妈妈气头上说的吗？你居然还当成话柄真的不想去补习班了，太不像话了！”

“反正不管妈妈说什么，我就是不想上补习班了。我自己学行不行？以后您别再提了。”

说完后儿子便起身离开，当真无礼得很！明明是自己做得不对，他不但没有道歉的意思，反而还觉得自己有理了！。

话说回来，他要是一直坚持不肯上补习班，我也不知道要拿他怎么办。以前他是跟我提过好几次，说不想上补习班，但每次我都觉得这肯定是他为了偷懒而找的借口，于是坚决没同意，不过现在看来，他提出这个要求应该是经过长时间认真考虑的。他要是说不喜欢现在的补习班，倒可以给他换一家，但如果他不管三七二十一就是不肯上补习班，那怎么行？还不是因为报了这个班，他才能多少学进去一些。要是以后连补习班都干脆不上了，那学习成绩还有保障吗？

韩善熙　家庭主妇　一位 14 岁男孩的妈妈

读懂孩子心

到底是谁在依赖补习班，父母还是孩子？

“人家孩子都在上补习班，要是我家孩子不去，万一落后了怎么办？我可不放心。”

“我家孩子对学习根本不上心。幸好上了补习班，还能多多少少学点。我也不指望他成绩拔尖，只要能保持现状就好。”

大多数父母送孩子上补习班的原因就在于此。虽然他们一心希望孩子能独立自主地学习，而不是靠补习班，但毕竟这样的孩子不多。没办法的办法，就是上补习班。何况之前还没到叛逆期，对父母的话比较顺从，所以送孩子上补习班也的确能收到一些效果。

等孩子到了青春期，情况就大不一样了。首先，课程相比之前要深奥得多。之前仅靠课堂听讲和上补习班就能考个满意的分数，可是现在，功课变得日益繁重起来，培训班的课渐渐成为孩子的负担。这边学校刚布置了海量作业，那边又要去完成补习班的课业，他的苦衷可想而知。何况补习班通常都是提前学习下一阶段的内容，如果不符合孩子的接受能力，只会增加他的挫败感。

我并不是说请父母不要干涉孩子的学习，也不是说干脆不要送补习班，我只是想强调一下，孩子靠补习班考个好成绩的阶段早已过去了。青春期孩子必须确定学习目标，寻找适合自己的学习方法。哪怕绩提高得再慢，甚至和父母的期望值有较大差距，也要把重点放在培养他的独立学习能力上。这时，父母要摈弃“必须上补习班”的强迫心理，要弄清真正对孩子有利的是什么。

自主学习并不意味着完全脱离补习班或其他人的帮助，只靠自己。当孩子知道自己在学习上的薄弱环节并意识到需要帮助时，自然会懂得主动发出求助信号，这也是自主学习的一部分。有些父母只会一味强调：“学习要靠自己。”

即使孩子要求上补习班，也会极力强调必须独立学习。这同样不对。真正重要的是，弄清究竟什么才是孩子最需要的。在孩子学习的过程中，如果他认为需要借助补习班的帮助，那么最好给他选择一个适合的补习班。

父母要抱着宽容的态度和孩子讲话，从而了解他“一定要上补习班”的原因；如果孩子排斥补习班，也要采取同样的交流方式，不妨听听他的想法，并且根据他的表述来判断一下，如果不去补习班，他是否已有一套具体的学习计划以及是否具备独立学习的动力。只有这样做，孩子才能真正地学会自主学习。

专家为你解忧

解决方案 1：了解孩子不想上补习班的真实想法

通常情况下，当孩子提出不想去补习班时，父母的第一反应就是他偷懒，不愿学习。就算父母的这种推测没错，我们也不妨听听他的想法，看看是什么原因让他这么想。面对孩子的一个决定，父母不应该一味地否定或大发雷霆，而是应该先问清楚孩子的理由，哪怕这个理由听起来非常离谱荒唐。很多时候，父母需要有一双懂得倾听的耳朵。

就像前面例子中提到的那个青春期孩子一样，他不肯去上补习班是有理由的。他所上的补习班，是针对特定科目进行强化辅导的英语、数学补习班。每个补习班的名额也是有限的。虽然老师投入得多，但由于他在学校原本就是中等生，对他来说，起点还是有些高。这就需要他自己加强基础部分，需要补习班老师作具体的讲解和说明，但他目前所上的补习班，无论是讲课内容还是做题难度，都超出了他所能接受的程度，所以这种补习班只能让他产生劣势感和挫败感。在所谓“高水平”的补习班学习，并不意味着肯定能提高成绩，但父母偏偏抱有这样的幻想，于是，孩子仅剩的一点学习热情和信心也被高门槛的补习班给完全击垮了。那位孩子曾郑重其事地跟妈妈提过几次，可妈妈每次都听不进去，甚至还威胁说不上补习班就饶不了他。面对这样的父母，孩子也只能一个人把苦水咽下。

除了补习班的门槛过高之外，孩子不肯上补习班的原因还有许多。有些孩子反映，上了补习班后学习反而更吃力了。如果同校的同学蜂拥去上同一种补习班，这就无疑成了学校课堂的延续。本来为了专心学习才报的补习班，却因为周围都是平时在学校一起玩惯了的同学，在补习班也会很自然地一起玩。与其这样浪费宝贵的时间，还不如自己在家学习。这是孩子真实的想法，问题是父母根本不肯相信他。

在和孩子交流的过程中，我了解到其实他并不是一味地排斥上补习班。只不过从孩子的角度看待这个问题时，报过多的补习班着实令人吃不消。也许他更需要的，是找出改善成绩的真正良策。所以，最好不要用“必须上补习班”或“不许上补习班”的命令来与孩子进行毫无意义的对峙，而是要以他的需求为出发点，听听他真实的想法。只有当孩子充分地表达自己的意见、父母对此作出合理应对时，矛盾才会得到有效解决。

有个学生因为要备战高考，在外地住宿。繁重的学业让他疲惫不堪，有一天他终于鼓起勇气向妈妈诉苦：

“妈妈，我觉得太累了。真想什么都不管，在家里放松放松……”

当时，电话那头的妈妈听了孩子的话后，顿觉眼前发黑。以她的真实心理，真的很想让儿子再坚持坚持，但她还是强忍着没说，好言劝告孩子：

“你要是真觉得累，那回家也好……”

令人始料不及的是，孩子却说：“妈，我只是说说，现在感觉心里舒坦多了。您不要担心我。”无疑，是妈妈对孩子的理解和安慰给了他莫大的勇气。

由此可见，有时候仅仅是倾听、包容和接纳孩子，就能让棘手的问题得到圆满的解决。人们最愿意信任的，往往是那些愿意尊重和认可自己的人，而不是那些觉得自己的想法或选择幼稚可笑的人。亲子间也同样如此，只有彼此信任，才会在重大时刻最先为对方着想。

解决方案 2：和孩子充分交流，帮他制订学习计划

孩子是需要鼓励安慰，还是想减少上补习班的次数，或者干脆放弃补习班？请试着和孩子充分交流一下，弄清他的真正需求。如果孩子表示不想上补习班，想自己学习，那么父母就应该竭尽全力帮助他制订具体的学习计划，以便他能够自主学习。因为不少孩子对于自主学习没有

实际的经验，可以说是心有余而力不足，对于具体的学习方法以及如何有效利用多余时间等事情也不擅长。

如果孩子在这方面尚没有完整的构思和计划，甚至想法模糊、离谱，请父母也不要急于发火和取笑孩子。“就这副德行，还搞什么自主学习？”“不如趁早乖乖上补习班算了！”……这些伤人的话都是不可取的。父母要有足够的耐心，以免回到原点。

首先，要制订具体目标。制订目标的关键在于目标要具体详尽、一目了然。孩子备考时，可以制订各科所要达到的目标成绩。有了目标，才会积极探索和落实具体的实践方案。如果目标不明确，就会显得空洞，实践起来缺乏针对性。

其次，制订实行目标的期限。如果要制订一份“期中考试两周倒计时计划”，就需要在这两周的时间内集中精力实践具体计划。另外，在对待自主学习这件事情时不必拘于教条，认为“自主学习”必须完全靠孩子自己来完成。完成目标期限后，还要及时了解是否继续沿用此路线，或者适当地借助补习班。

第三，制订计划之后，就要积极摸索具体的学习方法了。比如课堂听讲、预习、复习、教材、题集、笔记等要如何有效利用以及哪些薄弱科目要如何巩固基础。

第四，制订自主学习时间。战线过长容易导致士气低落，同样道理，时间越多，实际的学习效果也会降低。所以，必须明确规定“几点学”“学多少”，并且严格遵守这个约定。首先要弄清“客观固定时间”，如上学、吃饭、睡觉等的时间。这样，其他可利用的时间就很容易掌握了。在可自由安排的时间段制订“自主学习时间”，其他时间则可以放松和休息，或做其他自由安排。当然，关键是制订“自主学习时间”。有了约束孩子才有动力，才会为履行自己的诺言而努力。

第五，每周进行一次“反馈”。尝试新事物时，不可能在一开始就取得满意的效果，就像不可能一口吃成一个胖子一样。所以，不要奢望一开始就做得很完美。

有时候，父母会因为对孩子期望过高，而对刚刚起步的孩子吆喝：

“就你这副模样能做好什么事？”

“不是你自己选择的吗？既然做不了，还逞什么能？”

可能在大人眼里，孩子的所作所为并不尽如人意，但就整体而言，是不是依旧向前进了一小步？如果有欠缺，具体问题在哪里？父母真正要关注的，恰恰是这些细节。之所以在中间安排一个反馈时间，目的就在于让他通过客观分析具体问题，避免重犯同样的错误。

经过几次尝试之后，孩子就能从中摸索出适合自己的学习方法和时间利用法。在此之前，父母要做的，就是耐着性子，宽容地看待他，并给他最真诚的鼓励。

解决方案3：盲目指责孩子前，最好先找出他的学习类型

面对学习问题时，父母和孩子最大的矛盾分歧点就是学习类型。比如，孩子坐在书桌前做功课但父母认为其心思根本不在学习上时，就会忍不住唠叨起来：“能不能好好学？”“学习用心点，别分神好不好？”然而，父母无休无止的唠叨，只会引起孩子的烦躁情绪。其实，孩子确实是想做功课的，而父母却在一旁唠叨不停，他感到不耐烦也是正常的事。

之所以会出现这种分歧，关键在于父母不了解孩子的学习类型。每个人有一套适合自己的学习方式，孩子也一样。可是父母偏偏要用自己的标准及所谓的“专家推荐方式”来评价他，于是矛盾和冲突就产生了。

典型的学习方法有“善读型”和“善写型”。“善读型”是指以阅读为主的学习方法。这套方法的优点在于了解整体脉络之后，就能找出重点内容。由于学习过程中伴随笔记方式，因此更容易全神贯注，不至于分神，可提高瞬间集中力，短时间内可发挥高效能。

所谓“善写型”，是指不仅在课堂做笔记，在平时的学习过程中也擅长记录和整理笔记。这类学生不仅喜欢做笔记，其笔记整理水平也很高。其优点在于，凡是自己做记录的部分，都能够记得详细具体，在任

何时候翻开记录本，都可以立刻回忆出当时所学的内容。

如果父母属于“善写型”，而孩子偏偏属于“善读型”，那么当孩子坐在书桌前做功课时，父母就会很容易以为他吊儿郎当没在学习。由于对孩子的学习态度持有偏见，再加上看到他翻开书后没多久就起身宣告功课完毕，父母很容易断定他根本没用心学习。

想要解决这个问题，父母首先要改变思维模式，不要认为当时自己的那套学习方法有效，就想套用在孩子身上，更不要迷信所谓的“专家宝典”“状元宝典”等。每个人的喜好和情况不同，学习方法只有适合自己的方能见效。所以，重要的是父母自己要意识到尊重个体的重要性，并学会观察和分析他的学习类型。既要照顾到薄弱科目，又要鼓励他学好优势科目，扬长避短，从而实现全面、稳步的提高。

通常而言，孩子的学习类型可以分为背诵型、应用型、善读型、善写型、临阵磨枪型、计划型等。在学习过程中，不同学习类型的孩子会表现出不同的行为。这点可通过表 12-1 和表 12-2 来确定。当确定孩子的学习类型后，可参照表 12-3，了解孩子的学习方式及其优点、缺点及解决方法。

表 12-1　学习类型分析表

内　容	结　果	
1. 善于背诵，对背诵感兴趣。	○	×
2. 感觉应用题比背诵容易得多。	○	×
3. 学习时不注重理解，只注重背诵。	○	×
4. 对于物理、化学课上所学的理论在实际生活中如何应用非常感兴趣。	○	×
5. 数学题算不出来时，愿意尝试各种方式。	○	×
6. 临阵磨枪，即使考前突击复习成绩也不错。	○	×
7. 相比基础题，更擅长也更喜欢攻克难题（应用题等有深度的题）。	○	×

（续表）

8. 背诵英语单词时，喜欢一边写一边背。	○	×
9. 考前复习时，喜欢整理笔记。	○	×
10. 难懂的问题，喜欢在笔记本上整理。	○	×
11. 相比口头讲解，更喜欢老师在黑板上的板书。	○	×
12. 一本书喜欢反复阅读。	○	×
13. 记笔记没什么用处。	○	×
14. 以为背诵课文时，喜欢在理解的基础上背诵。	○	×
15. 喜欢临阵磨枪，突击学习。	○	×
16. 为某个课题或考试作准备时，越临近截止日，效率越高。	○	×
17. 喜欢将各科内容“扎堆”式集中复习。	○	×
18. 为某个课题或考试作准备时，越是临近期限，越学不进去，越感到不安。	○	×
19. 喜欢把功课分成几块，每次只进行少量复习。	○	×
20. 一旦制订的学习计划不能近期实现，就会手忙脚乱。	○	×
21. 学习时喜欢制订计划，并每天确认实际完成情况。	○	×

表 12-2 不同分数对应的学习类型

编　号	○	×	编　号	○	×	编　号	○	×
1	1	0	8	0	1	15	1	0
2	0	1	9	0	1	16	1	0
3	1	0	10	0	1	17	1	0
4	0	1	11	0	1	18	0	1
5	0	1	12	1	0	19	0	1
6	1	0	13	1	0	20	0	1
7	0	1	14	1	0	21	0	1
合计			合计			合计		
0~3 分：应用型 4~7 分：背诵型			0~3 分：善写型 4~7 分：善读型			0~3 分：计划型 4~7 分：临阵磨枪型		

表 12-3　不同学习类型的特点

	学习方式	优　点	缺　点	解决方法
背诵型	喜欢背诵，短时间内可背诵较多内容。	临阵磨枪也能考出好成绩。如果是文科类，那么短期内也能提高成绩。	会背诵的内容很难持久保持记忆，而且在应用能力上稍差。	背诵时，要以理解为前提。为了提高应用能力，平时要多做题。
应用型	有出色的理解力，善于解决难度大的应用题。	对于以理解为前提的科目更擅长，如数学、物理、化学等。	做题时经常会漏掉一些简单的基本题。	深入理解概念，先打好基础再做题。
善读型	相比边写边复习，更愿意边读边复习。	通过读的方式来加深理解，因此精力高度集中。	很容易陷入细节中，反而忽略了重点的内容。	最好结合简单的笔记或概要整理，以此来提高效率。
善写型	听课或平时复习时，喜欢做笔记，以此来加强理解。	由于学得透彻，因此对所学习的内容能够长久地记忆。	学习时所用的时间过多。不要忘了，课堂重点是边理解、边记录。	平时就要经常整理笔记，把重点放在理清整体知识脉络上面。
临阵磨枪型	擅长短时间地高度集中精神学习，考试发挥也良好。	相比投入的时间，成绩优秀。	在需要长期努力的科目上成绩很难提高。	把临考前的复习时间重新分配一下。
计划型	喜欢制订学习计划，系统复习。事先定好复习量，并明确制订出复习期限、方法。	只要能按计划稳步实践，就可以得到预期的学习效果。	备考时间比较仓促，难以正常发挥自己的实力，一旦计划乱了，就很容易考砸。	计划没有变化快，因此在制订计划时，要留出足够的时间余地。

解决方案 4：制订好学习计划后，就要全力支持和信任孩子

我们通常都喜欢把“信任”两字挂在嘴上。有趣的是，这种“信任”常常与某种条件挂钩，非要有证据才肯相信。这种信任当然不是绝对的、真正意义上的信任，而只是为了证实某件事而使用的一套方法。虽说很多事情需要眼见为实，但如果在不可见时也能一如既往地相信孩子，才是真正的信任。

和孩子一起制订了具体的学习目标和计划后，剩下的就是耐心等待了。那么，如何才能让他自主学好功课呢？

首先，父母要言而有信。任何事情，一开始就做到完美是不可能的。孩子当初制订了一套自主学习的计划，想要靠自己学好功课，但在实践过程中肯定会经历许多挫折。父母在观察孩子这段时间的表现时，可能会发现他在某一个时刻并不能遵守学习计划，甚至还偶尔贪玩或走神，这时，也请尽可能心平气和地再静观一段时间。偶尔不能令父母满意又何妨，重要的是耐着性子等待，给孩子足够的信任。当父母愿意给孩子足够的时间和机会尝试时，他才会从跌跌撞撞中一点一点摸索出自己的路子来。

取消补习班后，孩子会因为一下子多了许多业余时间而只顾着玩，毕竟玩是孩子的天性。但随着时间的流逝，他也会感到不安。当他意识到，父母正在用足够的信任和耐心等待他去遵守学习约定时，就会感到惭愧和内疚。孩子醒悟了以后，即使不用父母催促，也会变得主动积极。

另外，孩子自主学习过程中，父母可以找个恰当的时机，对这段时间以来他的表现做一次总结和分析。这样做的目的并不是为了教训他，而是要查看一下这段时间他的计划实行情况，并且也让孩子重温自己跟父母的约定。

第13章

孩子偏科厉害

妈妈口述烦心事

“对英语、数学等主科不上心，只喜欢历史等副科”

我家孩子从小就喜欢看书，每当他用稚嫩的手捧着一本书看时，我们都掩饰不住内心的激动和欣慰。基于我们对他的期望，从小我们就给他买了不少书。相比童话故事，他更喜欢历史方面的书和名人传记。大概是得益于广泛的阅读经历吧，小学时即使他不是很努力，成绩在班级也是数一数二，常常引来周围人的羡慕，被问及是不是有什么秘诀，学习可以那么好。看着孩子这样有出息，我也由衷地感到自豪和骄傲。但是自从升入中学后，问题就出现了。第一学年第一次月考时，班上有34名学生，他位列18名，处于中等水平。这次考试对孩子的打击也很大，他更加对学习紧张起来。

等到期末考试时，我觉得终于等到“雪耻”的机会，因此我和孩子都很期待这次考试。但意外的是，结果也同样不理想。按理说，他并不是没用功学习，脑子也不算笨，为什么成绩就上不去呢？考虑到他的心情，我和他爸爸并没有过多地指责孩子。好在他还算能坦然面对又一次失败，并没有因此而意志消沉。何况他自己也说了，以后会更用功。我原本打算这件事就这样过去了，但是总觉得心里有疙瘩和疑惑，于是特意观察了他的学习过程。

经过一个星期的观察，我发现孩子基本上只学历史和社会学。比如前天复习历史，那么昨天就复习社会学，今天再重新复习历史……对他来说，所谓的学习，就是只学那些自己喜欢的科目。难怪历史和社会学接近满分，而其他科目却惨不忍睹。再三思考下，我觉得孩子的学习方式存在很大的问题，于是决定和他谈谈。

“除了历史和社会学，其他科目也得复习啊。别人是一门心思抓数学和英语，你倒好，成天只复习历史和社会学。”

没想到孩子较真起来：“妈妈，反正我以后要考历史系的。”

“那是以后的事，现在重要的是不能偏科。你要是一直这样下去，到头来恐怕连历史系也考不上。”

“长大以后我要考历史系的，为什么现在还要学英语和数学？”

这孩子，又不是小学生，说话怎么这么幼稚？这种托词也太牵强了！大人跟他讨论正事儿，他却当玩笑？于是我忍不住发脾气道：

“你以为学好历史就能考上历史系了？要是数学、英语不及格，别提你喜欢的专业，能不能考上大学还不一定呢。”

“好好好，我知道了。以后我会把其他科目也好好学的，行了吧？”

看着他似乎理解了我的意思，那天的事也就不了了之。

没想到这孩子依然我行我素，成天说是要学习，还是只看那些历史或社会学书。每次我刚说他几句，就不耐烦地说，知道了知道了，以此来搪塞我，但一转身，还是老样子。

眼看要升入初二了，要是他一直这么偏科，的确是个大问题。现在在韩国，不用中考，只凭档案里的成绩，就直接升入高中，所以平时的成绩积累很关键。但如果这样偏科下去，后果可想而知……身边的人当然无法理解我的这种苦衷，遇见了还一个劲地说我有福气，有个学习优秀的孩子。我总算尝到了什么叫“哑巴吃黄连，有苦说不出”。我曾听说，就算孩子偏科，只要时间久了自然就能把其他科目也顺带学好。对此，我半信半疑。有时候我也很矛盾，怀疑自己是不是对孩子要求太高了？到底是放低自己的目标，对孩子的现状满足呢，还是找个补习班，让他把落后的数学和英语也狠补过来呢？

卢稀　会计　一位初一男孩的妈妈

读懂孩子心

训斥和抱怨只会让孩子更讨厌他原本就讨厌的科目

其实，无论学习成绩好与坏的孩子，他都会有自己特别偏爱的科目。对于喜欢的科目，他会更愿意去学，随着对该科目投入的精力和努力增多，成绩也会相应地提高。而这种成就感，又会刺激孩子更加偏爱该科目。

作为父母，看到孩子学习的热情不减，当然感到宽慰。但这种偏科现象好比偏食，没法不让大人操心。毕竟每天可用来学习的时间是有限的，而要学的科目又那么多，如果只抱着自己喜欢的科目不放，可想而知，其他科目只能拖后腿，整体成绩也提高不上去。

看到孩子偏科厉害，父母也掩饰不住内心的不满情绪。“能不能在其他科目上也下点工夫……”何况存进档案里的成绩也不能不在乎。现在韩国取消了中考，只凭学籍档案上的成绩就决定何去何从，如果偏科严重，肯定会带来很大影响。如果一些主科成绩低，那肯定是上不了好高中的。不过孩子似乎对这些完全不在意，依然我行我素地抱着喜欢的科目啃个不停。父母看着也心焦，满肚子牢骚无处发。

“就你这样的成绩还想上重点高中？真是白日做梦！等你到了初三，就知道学籍档案成绩有多么重要了，不过到那时恐怕你也就后悔莫及了。你倒好，一点不醒悟，成天抱着喜欢的科目，那怎么行？总得把差的那几科补补才是啊。不然整体成绩怎么可能上得去？”

当然，父母这样说，是因为深谙现实的残酷，希望孩子能重视那些薄弱科目来提高整体成绩，完全是出于对他的关心和担忧。但是这些话在孩子听来，却极不顺耳。“我不是学着吗？还要我怎么学，你们才满意？哼，我不学了！”他很可能就干脆破罐子破摔，意志消沉。因为在孩子看来，自己已经很努力了，父母不鼓励、不表扬倒也罢了，还一个劲地责备不用功，这当然让他受不了。所以，面对父母这种咄咄逼人的做法，他不仅对原本讨厌的科目更加厌恶，甚至连本来喜欢的科目也变得不喜欢了。

只要有一科孩子肯认真学，就等于有了突破口

怎么做才能让孩子不偏科？除了他自己喜欢的，也能对其他科目投入同样多的热忱和努力呢？

首先父母要理性地看待这个问题。其实孩子有自己喜欢的科目，本身就等于是给难题提供了一把钥匙，表明其他科目也是有攻破的可能性。以孩子爱玩的天性来看，没几人是喜欢学习的。那些学习好的孩子，也并不是因为学习有多么快乐才会学得好，而是因为意识到了学习的必要性，才会投入相应的努力。

孩子喜欢某个科目，说明他对那个科目感兴趣，不排斥，这就给解决偏科的问题提供了一个突破口。不要因孩子偏科，和父母的期望有差距，就否定他的一切，而是要对他的付出给予客观公正的认可和赞扬。

对于那些讨厌的科目，孩子就算是投入了相当大的精力，也未必能立竿见影取得好成绩。虽说对于薄弱环节投入更多精力是正常的事，但是这方面，有时候我们大人做起来也未必能令人满意。何况孩子正值敏感的青春期，去学讨厌的科目，本来就要比大人难得多。这是不容忽视的客观问题。但只要他对某个科目表现出热情和专注力，其他科目也就有学好的可能性。因此，父母要给孩子实质性的引导，帮他“有的放矢”，把能量用在正确的事情上，帮他理性地克服学习上的困难。下面，我来讲讲具体的解决方法。

专家为你解忧

解决方案 1：找找偏科的原因

当然，孩子偏科都是有原因的。可能是该科目任课老师深得他喜欢，也有可能他以前就对这个领域感兴趣，也有可能是觉得学起来轻松，所以才会喜欢。有些孩子则仅仅是因为讨厌某些科目，而对其他科目更加偏爱，导致偏科；有些则是因为理解上的偏差，而导致偏科，正如前面提到的例子一样。

相比数学和英语等需要扎实基础的科目，更多的孩子喜欢语文、历史、自然科学等科目。其实像数学这种科目，一旦基础没打好，就很难考出好成绩，于是很多孩子都对这类科目抱有很大的压力和畏惧心理。而英语不仅学习量大，而且很难取得立竿见影的成绩，何况单词和语法、对话都需要背诵，孩子当然会排斥。

所以，很多孩子到了初二，就开始不再对数学和英语抱什么希望，基本上可以说是放弃了这两科。当然，这并不是因为他不肯学好这两科。他心里是真的希望能把这些科目学好，但是正因为要爬的山太高，所以只能望而生怯，选择逃避。

而父母总是不顾孩子的这种感受，不管三七二十一地数落孩子，这样做当然只能让他们产生抵触心理。“你讨厌数学，也不能光学自己喜欢的语文啊？”关键还是要孩子自己醒悟，找出自己偏科的原因，弄清自己为什么只愿意学习喜欢的科目，不肯用功学其他科目。

当然，这时也需要父母的帮助。父母可以问问孩子只愿意学习特定科目的原因。父母这时要注意自己的语气，千万不能让他感觉到父母是在质问自己，或责备自己。总之，要方法得体，让他明白父母只是想了解偏科的原因。

“妈妈知道你在自然科学课上下了不少工夫，看来这科内容很吸引你是吗？”谈话中，对于孩子的用功应给予充分认可，随后再具体问问哪些内容让他感兴趣，以此表现出对他的关心。

喜欢自然科学的孩子，通常好奇心很重，一旦深陷其中，便不能自拔。在父母看来，孩子能专注某个领域，当然是难能可贵的事情，但是因此而疏忽其他科目，也免不了让人担心。于是父母每次都会反复提醒：“其他科目也要用功。”父母的这种反应都很正常，但是最重要的，还是要以他的意愿为主，倾听和理解后再做决定也不迟。

解决方案 2：对孩子擅长的科目要给予认可和表扬

孩子之所以会偏科，是因为自尊心在作祟。出于喜欢，他会在喜欢的科目上投入更多精力，而这种努力，自然也能带来好的成绩。而好的成绩，又使他深受鼓舞，于是更愿意报以更大的热忱来学习该科目。经过这种良性循环之后，孩子会拥有莫大的自信心。“我也行！”这种自信心无论是对于学习还是将来的人生，都是宝贵的财富。

遗憾的是，在父母的眼里，相比孩子的优点，他们更愿意“鸡蛋里挑骨头”。所以总感觉孩子应该在数学和英语上多下点工夫，而不是其他科目。唠叨和强迫是不能解决任何问题的。尤其是父母无休止地唠叨孩子的学习，会挫败他的学习积极性。

有时，一句好话胜过十句唠叨。“女儿平时那么爱读书，语文考试果然没让我们失望啊！”父母在充分认可孩子后，再问问：“跟我说说，你平时是怎么学习语文的？”父母这样问，并不是为了对孩子平时的学习情况刨根问底，而是给她一个自我赞美的机会。父母在听孩子讲述的过程中，可以不时地表示认同：“哦，原来如此。”“啊，怪不得，语文成绩那么好。”孩子在向父母讲述学习经验的过程中，对自己的学习方法和能力有了重新审视的机会，从而更加充满信心。

所谓“一句好话，能让跌到谷底的人再度爬起”。人们都有这样的心理，当受到他人表扬时，做起事来也会更加起劲。自身努力换来的成功经历，以及父母的认可和表扬，会激发孩子更强的进取心，促使他取得更好的成绩。一旦单个科目取得了好成绩，孩子就会信心倍增，向其他更难的科目发起挑战。正是基于这种挑战欲望，孩子才敢于尝试以前畏惧的科目。一旦心中有了明确的目标，他就会意识到时间安排的必要性，愿意按照计划来有条不紊地学习。

解决方案 3：分析薄弱科目的原因，一起寻找解决方法

当问到孩子为什么不喜欢数学时，他大多回答道：

“太难了，没意思！”

“学了成绩也上不去，不想学。”

“对我来说就是跨不过去的坎。”

英语和数学是多数孩子感到头疼和吃力，甚至讨厌的科目。说得严谨一些，应该是“感到吃力”。对正常孩子而言，不存在所谓的“天生就不是学数学的料”，或者“英语榆木疙瘩”之说。只是因为在数学和英语方面，投入的努力和效果不成正比，成绩见效得慢，让孩子感到挫败和畏惧而已。正如喜欢某件事物有着特定原因一样，讨厌一件事物，也是同样有其理由的。

孩子排斥特定的科目，大致可以从以下 3 方面来寻找原因。

原因一：基础差

据说，人们在聆听讲座或讲课时，决定是否感兴趣的因素，就是听者现有的知识储备量。如果对所讲内容一窍不通，听者就会听得不知所云，很难产生兴趣；而如果对所讲内容非常熟悉，听者就会感到枯燥无比。而当现有知识储备量高于 50%，有足够的空间吸收新的知识时，人们才会对所讲内容表现出浓厚的兴趣，变得积极主动。

例如美国电视剧，如果没有字幕，那么人们不可能对该剧内容感兴趣。就像我们大人，虽然以前学过英语，但是听原文对白还是会感到费

力难懂，即使是有画面可看，也会觉得枯燥，于是看几分钟就会换频道。孩子也是一样的情形。假设孩子一点韩文都不懂，却让他读所谓的畅销小说，这可能吗？也许孩子能做的，就是把它当成枕头来垫垫吧。

当然，孩子的这种心情父母也能理解，因此父母努力去寻找解决方案以帮助孩子加强薄弱科目，比如给孩子报补习班，或者不惜重金请来家教老师。但这些方法效果并不是很理想。

为什么会出现这种情形呢？原因就在于这些决定并不是根据孩子的实际情况来做的选择，而是只凭父母自己的想法。孩子的数学和英语成绩不好，原因在于基础不行，跟不上课堂进度，所以感到吃力。相比自己的知识储备量，对于英语、数学这两门学科，陌生的内容大于50%，所以无论是听课还是复习，都没法学进去。

理性的做法，应该是寻找适合孩子的方法。根据孩子的当前水平，从简单的内容开始彻底复习，从而巩固基础。当务之急是要让他至少能听懂和理解课堂上老师所讲的内容。走捷径未必好过按部就班。所以无论是请高级家教，还是花很多钱上补习班，关键是要符合孩子的接受程度，否则只能是适得其反。

原因二：孩子盲目悲观

相比喜欢科目的良性循环，讨厌的科目只能是恶性循环。内容难，没兴趣学，成绩就没法提高上去，而这又导致孩子更不愿意去接触这些科目，如此恶性循环。陷入这种恶性循环的孩子，通常会陷入自我催眠，总感觉：“这门课我学不好。”“我脑子笨，怎么学都没用。”一旦丢掉自信心，那么原本可以胜任的学习任务，都会变得没勇气挑战。

有个初三女生，对数学非常排斥，尤其是对应用题表现得更为敏感。基础算术还能应付得过去，但是一旦遇到应用题，就感到头疼。当然，她并不是没有进取心，她也很用心地制订学习计划，但是一旦遇到实际难题，就轻易放弃。这种经历重复几次后，就干脆自暴自弃，陷入绝望的泥潭。

我曾问过这位女生，每次面对应用题时是什么感觉。她回答道：

“一看题，我就觉得很烦闷，总感觉自己答不上来。脑子里一片空白，没法集中。但是事后又很后悔自己的软弱，觉得至少应该要尝试一下，无奈当时就是做不到。”

想要走出这种怪圈，首先要打破“难”的瓶颈，有意识地让自己把“难”变为“不难”。具体可以尝试以下方法。

首先，调整学习计划，减轻学习任务，按照自己能接受的量来设定。由简入繁，从简单的应用题开始着手。在实际做题的过程中，放下心理包袱，告诉自己：“我能行，大不了试试。”就像自我催眠一样，给自己鼓劲。就算是做不出来，也告诉自己不要着急，不要灰心。

这样试了一个星期，你会发现孩子身上发生了明显的变化。不再畏惧数学，而且过去畏惧不敢尝试的应用题，也能够自己顺利解答。

德国哥廷根大学心理研究所弗里德里克·赫西（Friedrich Hesse）教授称：“人的表情、情绪、思维方式和学习效果是密不可分的一体。大脑的活动与心理状态有着密切的关联。”因此，消极否定的情绪将妨碍大脑的活动。这也是学生对薄弱的科目更加排斥的原因。

如果这时父母说：“是你功夫不到家，如果功夫到位，没有什么不可能。”这样的话反而会勾起孩子的消极情绪，使他们陷入悲观式的自我催眠中，盲目地担心：“万一努力了还不行，那怎么办？”

原因三：孩子可能对学习不感兴趣，或者学习目的不明确

孩子之所以偏科，肯定是有其原因的。重要的是，即使是过去讨厌的科目，因为某个契机，也有可能成为他喜欢的科目。想要达到这种效果，父母就要首先了解他的学习状态。

学习类型分为“兴趣型”和“目的型”。顾名思义，兴趣型是指孩子抱着某种兴趣去学某个科目；目的型则是孩子根据自己的需求来学习。

兴趣型孩子，对自己感兴趣的科目不仅会投入更多的精力，即使是遇到复杂、难懂的题目，也不会轻言放弃，愿意咬着笔杆跟难题较劲到底。这类孩子表现得很极端，对于自己不感兴趣的科目，则干脆不肯去理会。

如果你的孩子恰好是属于兴趣型，那么相比一味地强调学好其他几个科目的必要性，不如赋予孩子对这些科目的乐趣。比如，孩子喜欢自然科学，但讨厌英语课，那么就可以给孩子看看英语类科学杂志，从而激发他对英语的兴趣爱好。

和兴趣型孩子不同，目的型孩子看重的是学好某科的必要性，而不是兴趣。这类孩子，为了实现自己的目标，不分喜恶，都会花一样的工夫。哪怕是自己讨厌的科目，一旦意识到学好该科目的必要性，那么就会制订具体计划，并付诸努力。当然，这种必要性要具体一些。因为类似“为了考上好大学”这种目的，显得模糊、笼统，对孩子而言说服力并不大。

因此，尽可能向他提供有说服力的信息，让他意识到偏科对实现目标带来的负面影响。比如，如果孩子对将来从事动漫领域感兴趣，那么可以让他自己去搜索一下从事该领域所要具备的基本条件，以及相关专业的必修课程。另外，给孩子推荐偶像励志图书，或听听他的演讲，也是不错的方法之一。

其实，父母想要围绕着“目标意识”“动力”等话题和孩子进行交流，会显得很抽象。因为父母毕竟不是学习专家，很难对孩子当前的状态有一个准确而科学的分析与把握，即使是他在谈话中透露了某些关键的暗示性信息，父母也很难从专业的角度敏感地捕捉它们，并推论出有效结果。更令人担忧的是，这种谈话很可能事与愿违，反而成了大人单方面地强调自己对他的忧虑和过高的要求。

尽管如此，亲子间这种对话与交流本身是非常必要的。因为就算再精湛的学习指导专家，想要帮孩子完全克服学习上的问题，还是需要父母的介入和帮忙。所以，我在这里只是想给父母一些提醒，就算是心里再担心、再焦急，也一定要克制自己，不要唠叨和强迫。否则这种谈话本身只会变成父母的出气筒，而不会给孩子带来切实的帮助。

正如前面反复强调的，就算孩子当前的举动令父母看着不放心，也别忘了一如既往地鼓励和支持。只有这样，孩子才能信心倍增，敢于挑战其他薄弱科目。

第14章

成绩忽上忽下，起伏很大

妈妈口述烦心事

“成绩就像坐过山车，忽上忽下不稳定”

女儿今年上初二，前些天刚好考完期末考试，拿到成绩单，我却没法高兴起来。成绩糟糕透顶不说，平均分竟然比期中考试降了30分。记得上次期中考试时，她的平均分相比上学期期末考试高出20分，一跃成为班级第2名，当时我们都很高兴。可这次成绩又下滑了30多分，而且是平均分……唉，这又不是小孩子坐过山车，怎么起伏这么大，太让人费解了。如果孩子成绩上下浮动10多分，我认为这都是正常现象。但是为什么我家孩子每次都20分、30分地浮动呢?

成绩下滑，倒不是说孩子自己没用功学。由于上次期中考试成绩提高很多，孩子大受鼓舞，所以这段时间一直很努力。只是偏科现象相当严重。自己喜欢的语文、历史、社会等文科类科目，相对而言投入的精力也多，成绩自然也比较好。但是像数学和英语等科目，就显得要被动很多，投入的精力自然也没法跟文科比。好在她的学习热情很高，为了期末能考上好成绩，从临考一个月开始就集中复习数学和英语。看孩子学得这么用功，我心里对这次考试也充满了期待。心里想着以孩子现在努力的程度来看，别的暂且不说，至少数学和英语总应该比期中考试时提高不少吧。要知道，为了补上这几科，女儿经常学到半夜……谁知道，到头来数学和英语不但没有提高，反而比期中考试时降低了10多分。

我上火倒是其次，问题是孩子觉得自己付出了那么多努力，成绩却还是不理想，心里的苦闷可想而知。每天一副垂头丧气的表情，有时候晚饭也不吃，躲在自己屋子里不出来，看着怪可怜的……如果她没用功还罢了，可问题是她那么卖力用功学，成绩却依然没有提高，心里怎么可能好受呢？该不会是有什么别的原因吧？我觉得至少要问问孩子，所以特意找了个机会，小心翼翼地开了口。

“英珠，你答题时有没有把答案写串行？”

要是这样的话，至少弄清了原因，不至于再让孩子郁闷了。不过她摇摇头。

“那是不是这次考题太难了？”

“不知道。反正同学们每次都说有难题，我也搞不懂。”

“那你觉得是什么导致你没考好呢？”

没想到我这么一问，孩子突然垂下头，肩膀一耸一耸的，竟然抽泣起来。过了一会儿，才抬起头，一副哭腔地对我说：

“妈妈，我觉得我脑子太笨了。可能是我自己太笨，所以成绩一直上不去。”

当时听完女儿的话，我心里咯噔一下，觉得她太可怜了。于是我也忍不住抱着女儿痛哭起来。我真怕她会被成绩压垮，变得自暴自弃。

“怎么会呢，英珠。你一点也不笨。成绩没提高，肯定是有别的原因的。我们慢慢找出原因，好不好？”

我只是心疼地小心安慰她，但又真不知道孩子的成绩为什么会上下浮动得这么大。她要是没努力倒也罢了，可关键是她自己也努力了呀。难道是她的学习方法有问题，还是有其他原因？

韩淑媛　教师　一位初中二年级女孩的妈妈

读懂孩子心

成绩不稳定，孩子自己也发愁

患病后去医院检查，最害怕的诊断结果是疑难症。当事人明明觉得身体不适，痛苦难堪，医生却查不出病因，从而没法医治。恐怕世界上没有比这个更叫人难受的了。成绩不稳定，上下起伏大，和不明原因的疑难杂症很相似。尽管孩子学习很努力，但是成绩提不高，每次考试名次和分数都上下浮动，无论是父母还是孩子，都感到困惑和苦恼。如果是因为考试时状态不好而考砸了，或者是因为粗心大意把答案写串行了，又或者是因为学习不用功导致成绩差，那么倒也能理解，虽然多少会因为孩子成绩不理想感到沮丧，但是弄不清成绩上下浮动的确切原因，这只会让人觉得烦恼，甚至感到不安。

尤其对孩子来说，如果每次的考试成绩都不稳定，那么不仅会加重他的不安心理，还可能会让他的信心荡然无存。即使偶尔成绩好，他也因为意识到成绩可能再次下滑，总摆脱不了惴惴不安的心理。所以听到周围人的称赞时，孩子也无法体验到真正的快乐和幸福。因为他不确定偶尔的好成绩是否意味着自己的真正实力。但不管怎么样，学习是不能放松的。虽然每次都抱着破釜沉舟的决心去用心学习，但是却始终摆脱不掉“要是努力了还不行怎么办”的不安，这种不安导致他很难集中精力学习。所以经常是人坐在书桌前，内心却充满了不安和焦虑，没法专心。

所谓无风不起浪，世上任何事情的发生都其原因。如果仔细观察孩子的学习方法和习惯，肯定能找出原因。如果他能找出原因，那么问题就很容易解决。这时父母要做的是支持和帮助他，让他能深层次地分析自己身上存在的问题，并寻找解决方法。如果能得到专家指导，肯定会更为有效。即使没有专家的介入，仅靠父母的关心和孩子自己的积极努力，问题也能得到圆满解决。

父母要给予关心，辅助孩子查找原因

想要让孩子跳出成绩起伏的怪圈，除了需要他自身的勇气，更需要父母的关心。只要找出原因，成绩不稳定的问题是可以解决的。给他注入勇气和信心，告诉他，成绩波动大并不是不能克服。

在孩子分析自身问题的过程中，父母所作出的反应很重要。当他向父母倾诉自己内心的矛盾和忧虑时，父母的反应，将直接决定他是否能解决这个问题。因为不管是谁，回顾自己的过去，肯定有不少后悔和难过的地方。孩子也是一样。如果父母一个劲地数落孩子："你看看，我不是早就说了，这样不行。当初要是听我的，能变成这样吗？""我就知道会发生这种事，以后你也别犟了，听妈妈的话准没错！"看到妈妈的这种反应，孩子的心肯定是如坠冰窟，充满了绝望。

总之，父母要耐心地让孩子把话说完，有可能他表述得不是很清晰，甚至吞吞吐吐，让大人听着不耐烦，但是父母不要催促或打断他，耐心地等待他把所有的顾虑和想法讲出来。

给孩子机会，让他独立思考，勇于表达自己的想法。有不少父母，每当发现孩子身上的问题时，都急于指出来，那么他就没机会自己思考和寻找解决方法了。父母要给孩子足够的机会，让他勇于尝试。人类有一种本能，那就是被他人指出毛病时，天然的防御机制就会启动，本能地为自己进行辩解和开脱。

尤其是孩子，有时候父母善意的话，他也很容易当成指责。因此，不管父母说什么，他都会条件反射地辩解。他本可以把精力放在寻找自身问题、找出解决方法上，却因为对父母的误解，把精力浪费在了极力争辩上。

有个初二的女生，因为数学成绩时好时坏，很苦恼。每次考试时，都要复习到凌晨一点，但是一点也不见效。一次考试结束后，我曾问她数学成绩起伏大的原因。她听了只是摇摇头，叹气。我试着继续问她一些相关的问题，最后总算弄清真正的原因。

原来这个学生在复习时，并不是把数学全面地复习一遍，而是只选自己有把握的、难度较小的内容进行筛选式复习。至于自己没把握的，则干脆碰都不碰。所以考试时如果碰上复习的部分出题较多，就能取得好成绩；相反，成绩则下降。

所以，这个初二女生的数学成绩时高时低，在于她自己并没有意识到这是个问题，自以为已经很努力在复习了。想到自己投入了那么多时间和努力，最后却考了个低分，她甚至开始怀疑自己的实力，心里充满不安和焦虑，并经常想：是不是自己努力不够，才会导致这样的局面。于是下次复习时就会投入更多时间和精力。当然，即使是这个时候，她捧在手里的，依然是根据自己的喜好筛选后的内容。

学习本应该是劳逸结合的事情，但是这样一味地坐在书桌前打持久战，只会更疲劳，心理压力也更大，导致最终精力无法集中。

有时在和孩子交流的过程中，我也会发现，有些孩子成绩起伏不定，原因常常在于父母。有一次一位母亲前来咨询，她正为孩子的成绩不稳定而烦恼。通过观察，我发现这位妈妈对于孩子的一举一动都要干涉，要求他必须按照自己的意愿做。虽然在妈妈看来，这一切都是为了他好，但是对于青春期孩子来说，妈妈的这种做法无疑让他喘不过气来。有时坐到书桌前，也能感觉妈妈在盯着自己看，觉得很不自在，于是没法专心学习。

专家为你解忧

解决方案 1：根据科目的特性选择学习方法

首先，查看一下孩子的学习方法。许多父母以为，只要孩子坐在书桌前埋头学习就是用功。其实投入的时间与成绩未必能成正比。也不是所有科目用一样的时间、一样的方法就能得出一样的结果。不同的科目，其特点也不一样，因此必须根据具体的科目特点，结合适当的方法，汗水和成绩才会成正比。

“懂”和“不懂”之间，还有“似懂非懂”“不太懂”“懂一点”的区别。像英语和语文这类文科类科目，要强调“量”的积累。并不是说一味地背诵和理解才重要，活学多用才是硬道理。比如英语单词，如果一下子投入很多时间去记单词，就算背得再准确，理解得再透彻，一旦长期放置不用，很快就会忘得一干二净。所以重要的不是记得多快多好，而是要经常使用才会更有效果。所以英语、语文这类科目，每天拿出30～40分钟来持之以恒地练习，要比考前每天学习3～4个小时更为有效。数学、物理等理科，则需要“质”的积累。不懂加减的人，不可能去接触方程式，而不懂方程式，也就不可能算出函数题。数学里出现的概念，其逻辑和体系都是紧密相连的。因此，必须弄清每个概念，才能做好应用题。

有不少学生，在尚没有理解概念的情况下，就急于做海量的数学题。不过，概念都没理解透彻，做再多的数学题，都只是原地踏步。因为基础不扎实，那些占高分的应用题往往会让他感到措手不及，不知从哪里着手。所以，如果孩子的基础概念理解不透彻，那么他就要投入充足的时间，回到原点扎实复习基础内容，直到有能力向别人讲解和说明。理科倒不必像英语或语文那样每天固定一段时间来学习，而是哪怕两天复习一次，也要投入充足的时间，集中攻克。

我希望大家在理解上述观点时，不要过于极端，认为“需要‘量’的积累的课程，就可以忽略‘质’的积累；相反，侧重‘质’的积累的课程，就忽略‘量’的积累”。二者只不过是侧重点不同罢了。英语和语文可以每天投入少量的时间，细水长流地复习，用一两天的时间精读课文，并作深入分析和拓展思考。而数学、自然科学等科目，在理解概念的前提下，背诵公式。再通过做题，复习所学知识点，从而培养应用能力。

由此可见，不同的科目需要不同的学习方法，而许多学生都忽略了这一点，用千篇一律的方法，所以经常是投入的努力和成绩不成正比。前面例子中的那个同学也是同样的问题。数学和英语、语文，他用一样的方式来复习，才会导致成绩不理想。

分析了成绩起伏不定的原因之后，就不难发现，这都是因为没能根据具体科目的特性来选择合适的方式。孩子以为只要埋头苦学，就一定行，从而做了无用功。如果孩子学习很用功，成绩却不理想，那么不妨查看一下他平时的学习方法，看看他是否按照每个科目的特性来合理分配时间并有效复习。尤其是成绩起伏大的科目，仔细观察的话，会更容易找出原因。

解决方案 2：制订考前“3 周倒计时攻略”

孩子平时学习很用功，但每次考试成绩都不理想，成绩上下浮动非常大。这是因为考前复习不扎实。千万不能因为平时学习用功，就觉得考前适当放松一下也无所谓。毕竟每次的成绩都是要记入档案的，因此更应重视。

像数学、英语、语文这些科目，不能只靠临阵磨枪，平时就要下足工夫好好学。像历史、社会学、政治等科目，主要是靠背诵，因此只要平时认真听讲，再加上考前复习，也能考出理想的成绩。

如果想考出好成绩，最好是从考前 3 周开始就进入正式备考复习，制订一份“考前攻略”。对于尚未形成良好学习习惯的孩子来说，让他独立制订一份“考前攻略”还是有很大难度的。父母可以和孩子一起制订，但不能喧宾夺主，把这当成发泄自己控制欲的机会，把他的复习计划安排得满满的，而不是结合孩子的实际情况来理性安排。父母只需提醒和引导即可。就算孩子制订的计划不能保证百分百完美，但也要把主动权交给他，让他独立制订计划表。因为除非是自己亲手制订计划，否则他不可能产生责任感。如果希望孩子带着一份责任心去实践计划，那么父母不必太在乎这种计划表的完美度，尽管放手让他自己制订。

在实际操作过程中，孩子可能会遇到种种难关，父母可以用以下方式来提醒和引导。

“每次的学习量，定得是否合理？会不会一次定得太多了？”

“你可以权衡一下，这些时间，是否足以复习这些学习内容？”

“马上临近考试，时间是有点仓促。但是为了能顺利完成每天的学习计划，最好是让这份计划留有一点余地，不要排得满满当当，让你喘不过气来。”

孩子听了父母的这些提醒之后，就会重新审视自己的计划。虽然因人而异，但是我认为学生备考，通常可以从临考 3 周前开始。

3 周倒计时

临考 3 周前，先确定考试目标，然后再来确认考试时间安排和考试范围。主要是围绕主科目，利用课堂记录本、自习记录本等，重点复习概念和原理，理顺知识点的脉络以及因果关系等。

主科目通常分量多，需要投入的时间也多，因此临近考试复习时，通常会让学生感到不安，没法集中精力。另外，在尚未理解透彻基本概念和知识点脉络之前就直接做题，是非常错误的一种方式。的确，通过做题，孩子可以了解自己当前的知识储备量。但是如果平时疏于预习和复习，基础不扎实，那么盲目地做题不但毫无意义，反而会击垮他的自信心。

因此孩子要合理安排作息时间，以免晚上熬夜、白天上课打瞌睡。通常临考前，老师会侧重考点来安排复习，在课堂上也会重点围绕考试范围进行考前辅导。所以这个时期，学生千万不能因为复习过劳导致身体状态欠佳，要尽可能合理地安排作息表，确保孩子在课堂上精神饱满、全神贯注。

2 周倒计时

从考前第 2 周开始，就要进入正式考前复习了。不仅要重点练习主科的题型，还要开始背诵相关知识点。做题时，可以把容易错的题目反复练习两三次。

做题的目的并不是做对多少，而是通过做题了解自己在哪些部分还需要加强练习。大多数孩子则更侧重于考试考了多少分，这与我们做题的目的是相悖的。这一点父母必须要跟孩子讲清楚，帮助他认清做题的真正目的。因为在实际的答题过程中，不排除各种可能性，例如，有些是自己有把握的内容，有些题目的答案则是靠蒙的，有些则可能是明明自己知道，只因马虎而算错了……所以要针对自己不确定、不懂的题目，做个标记，直到了解透彻了再做其他题。

复习背诵类科目时，如果时间允许，可以整理一份“概要集”。因为没有什么能比自己亲自整理的内容更能让人印象深刻。如果时间仓促，没有多余的时间来整理不同知识点之间的关联，那么可以利用零碎时间来做补充。除了这些，考前一周还要注意睡眠和健康状态。

1 周倒计时

考前最后一周是综合练习阶段。这时集中看一下前段时间做题时整理的“错题集”“考题精选集”“历年考题”等，重温一下考点内容。最好能从出题者的立场来直接设计考题。因为当他们从一个考生角度变为出题者角度时，会有不少新发现。从出题者的心态看题时，内心会放松许多，对一些概念和公式的理解度也会提高。可以让孩子把自己预想的考题和同学一起分享，共同讨论一下备考情况，相信效果会更好一些。

当倒计时进入最后三天前，结束所有考前准备，利用这三天来做最终检查。倒计时第三天，先复习除第一天所考科目以外的其他科目；倒计时第二天则复习第一天要考的科目内容，如果还有剩余时间，那么把第二天要考的也顺便看一下；倒计时最后一天，则集中复习第一天的科目内容。

如果孩子从没有过制订考试计划进行复习的经验，想独立制订“考前攻略”肯定会有些难度。这时父母可以和孩子多交流，共同制作“考前攻略”。有时，即使是有了父母的帮助，孩子也不能顺利地按照计划来实行。但是相比直奔成功，更重要的是能按计划有条不紊地进行考前准备，从而确认自己当前的方法是否合理有效、还存在哪些弊端等。孩子正是通过这种经验，一点点摸索和总结出适合自己的学习方法。这将为他下一次的挑战提供了更为清晰的方向。

如果父母意识到了这些，那么就不会再试图去干预孩子设计自己的学习方案，也不会肆意排斥他的意见，试图把父母所谓的完美复习方案强加给他。考前所定的目标不宜过高，要根据他的实际情况来设定。成绩固然重要，但是让孩子通过这种尝试体验到按计划复习的经验和成就感，对他来说将是更重要的收获，也会使他在今后独立制订计划时，变得更有主见。

表 14-1 “考前攻略”侧重点

1. 科目安排是否符合“考前 3 周倒计时”方案？
2. 薄弱科目和主要科目是否安排得主次分明？
3. 重点科目是否安排在注意力集中、效率高的时间段？
4. 是否有效利用了零碎时间？
5. 是否遵守了“每日反馈”“每周反馈”计划？

解决方案 3：通过“试卷反馈”，制订下阶段学习计划

听到考试结束铃声响起，孩子欢呼雀跃。考得怎么样是其次，重要的是讨厌的考试终于结束了。这段时间，他因为备考承受了不少压力，一切娱乐活动也统统被取消，于是考试一结束，就恨不得把这段时间没能玩上的都补过来。此时父母对孩子也会网开一面，甚至连平时极力反对的网吧，也偶尔允许他去玩，当然，给的零花钱也会相应增加。在父母看来，这段时间因为备考，他的确很辛苦，于是认为这点犒劳是应该的。

其实，考试的真正意义，恰恰是从考试铃声结束的那一刻才真正开始。要知道，考试的最终目的并不是为了分数，而是为了评估自己的实力。通过考试，正好能让我们了解孩子的知识掌握程度。所以一张试卷里，最重要的并不是老师的评分，而是错在哪儿，哪些科目薄弱，发挥的实力是否代表着自己的实际实力……我们把这些因素统称为“试卷反馈”。

不少孩子认为，所谓“试卷反馈”，仅仅是改错题、整理错题集锦本。这些看似简单的做法，其实还是非常值得推荐的。因为这些方法都可以很好地了解自己的优势和薄弱环节，以便今后能针对性地扬长避短。

下面我将具体介绍一下这种“试卷反馈法”。

首先，确认目标的实现程度，即确认每科目的成绩，并找出做错的原因。是对考题概念理解有误，还是相关知识记得不牢？是平时做题训练得不充分，还是对考题要求理解有误？是写答案时粗心大意，还是答题时间安排得不合理？是学得不够扎实，有偏题、难题出现，还是其他原因？这些都是需要仔细核对的部分。只分析一个科目，可能看不出什么问题，但是对每个科目都进行透彻分析的话，就能对自身存在的问题了然于心。

“唉，才考了70分，完蛋了。”因为考得不理想，孩子会上火，懊悔不已，甚至盲目沮丧。而经过试卷反馈，弄清导致低分的原因之后，他就会表现出全然不同的理性反应。“刚开始分析试卷时，确实觉得挺枯燥、挺无聊。但是试过后发现效果很不错，也对以后要如何改进有了更清晰的方向。”所以，这种客观分析，可从主观上提高孩子的自信心。

其次，要分析备考期间自己在每个科目所使用的复习方法。具体包括：按照什么方式复习？哪些做得好，哪些做得比较差？下次考试需要在哪些方面加强？

第三，查看一下在孩子复习的过程中，有没有什么内在的干扰因素。例如，本来有足够的时间复习，但是因为偷懒，或者过于焦虑和不安，导致状态不好等。也可以具体问问孩子当时的想法和感觉，鼓励他独立思考和总结。比如，他可能对其中某个科目不感兴趣，感觉学起来吃力，甚至想放弃考试，但是基于某件事、某句话，让孩子重新鼓起勇气。这些关键细节，也最好让他仔细地回顾和体会一下。这些分析，可以让他领悟到，积极的情绪对于做好一件事有多么关键。

备考期间有没有对孩子复习造成干扰的诱惑因素，这点也必须确认。例如，电脑游戏、手机、电视声音等，都可能导致他无法集中精力复习。孩子在做功课时感到最郁闷的就是“没法集中注意力”。有时候学着学着，就走神、发呆。正是围绕周围的种种诱惑，剥夺了他的宝贵学习时间，尤其是备考期间这种现象更为明显。许多孩子对于造成干扰的这些诱惑因素并不了解，只是一味地责怪自己注意力不够集中。当他自己客观地认识到影响学习的环境因素时，才能正确面对诱惑。

解决方案 4：让孩子认识到考试的真正意义

孩子在临考前感到紧张、焦虑，这是很正常的现象。 适当的压力和紧张，可以起到积极作用。但过于紧张、不安和焦虑，则会起负作用。这种紧张情绪不仅会影响考试发挥，也会直接影响考试结果。当这种不安导致考试考砸时，他就会承受更大的内心压力，而这种压力无疑将直接影响下次考试，可以说是恶性循环。

从何时起，考试已经成了折磨孩子身心的一部分？我曾问过几个孩子，他们同样深受考试带来的不安和痛苦，面对我的问题，他们这样回答：

“爸妈天天都要念紧箍咒，说什么‘考不上好大学，人生就意味着失败’。”

“爸妈说学习不好就是个废物。”

“我的成绩直接决定着我的未来！”

“要是考不好，爸妈肯定会对我很失望。”

“我要是学习不好，他们就不会喜欢我了。”

“分数直接决定着我的价值。”

从回答中不难看出，为了高分，孩子正在经历一场身心摧残。在他看来，唯一的选择，就是必须学好、考好；如果学习差，就意味智商低；

只许成功不许言败，一切向成绩看齐……这种心结越强，那么考试压力指数就会越高。

过大的压力，只会影响孩子的正常发挥，让他无法考出实际水平。所以那些学习很卖力的考生，通常因为压力和不安心理，导致考试结果很不理想。而这种结果，不仅影响孩子的学习和考试态度，甚至会让他产生自我怀疑，自信心渐渐消失。

“学也是白费，看来我只能是这个样了！”

“别的同学都能学好，为什么我就这么差呢？”

“必须考好，要不又要被爸妈一顿痛骂了。”

“考试考砸了，活着还有什么用？”

有些孩子一旦承受不了这种压力，就会变得自暴自弃，甚至作出极端选择。这些想法不但会让他们对学习产生畏惧和厌学心理，还会影响其心理健康，成为成长道路上的绊脚石。父母真应该好好反思一下，到底是谁，给了内心稚嫩的孩子这么沉重的压力。

的确，也有不少人信誓旦旦地说考试并不是人生的全部。考试只不过是为了将来适应社会而做的诸多准备之一而已。也确实有一些开明的父母对孩子这样说。但毕竟考试得高分，是一件令人心情愉快的事情。但是如果把高分作为学习的唯一目标，那么就会陷入消极和不安当中。

考试是为了检验当前的实力，为今后作准备。成绩只是帮我们确认当前的不足点、今后需加以改进的部分，简单地说，只是一种参考。

虽然父母心里很清楚这一点，也会开明地对孩子说明考试的意义，但内心还是希望他能考出好成绩。而孩子心里也清楚，父母只是嘴上说成绩不重要，心里却对成绩在乎。所以，如果孩子心理压力过大，那么不妨扪心自问，是不是父母无形中给了他这种暗示和压力。

第四篇

协助孩子找到“可实现的理想”

他梦想的职业，竟然只因其表面光鲜、潇洒。面对如此不成熟的想法，你是否哭笑不得？

成绩平平，又没有突出才艺，对他未来的发展方向，你是否心焦又茫然？

面对“以成绩定江山”的现实，他的兴趣班应不应该停下来呢？

为了不让他输在职场起跑线上，你现在开始考虑、准备了吗？

第15章

成绩平平，如何规划未来发展方向？

妈妈口述烦心事

“立志要当管理顾问，却又不见他努力学习”

在孩子很小的时候，我就问他的梦想是什么。他的回答永远都是“长大要做管理顾问”。起初，我觉得孩子小小年纪竟了解如此深奥的词语，真是了不起。前两天，我又问了孩子同样的问题，结果得到的答复依然是管理顾问。我想，孩子都已经上初三了，答案却依然如故，想必是作了一番深思熟虑吧。于是，我接着问他是否了解管理顾问是什么职业。孩子说：“那是为人们提供企业管理方面的建议与指导的职业。”看来，孩子上网查询过相关信息。我又问道：“为什么想做管理顾问呢？”结果，你知道他是怎么回答的吗？

“妈妈，你不觉得管理顾问很潇洒吗？而且看上去很有钱呢。”

果然！我担心的一点儿也没错，这孩子只是说说而已，根本没有认真考虑过这个问题。他都上初中三年级了，还这样不懂事，真是让我失望。既然已经展开话题了，我决定与孩子具体谈谈未来发展方向，于是又问了孩子一些问题。

“对，你说得没错，做管理顾问确实很潇洒。但我听说，若想做管理顾问，就一定要拿到名牌大学管理专业学位，MBA就更不用提了。可你的学习成绩在班里也只是中等水平，以你现在的学习成绩想要去实现梦想，你不觉得有点儿困难吗？”

你知道这家伙是怎么回答的吗？

“不是非要名牌大学毕业不可。”

尽管我心里没抱太大希望，但看到孩子如此轻率对待职业问题，顿感泄气。我真不知道他哪来的这种自信，中考迫在眉睫，他却天天过得如此悠闲。也不知是他没脑子，还是根本不了解现实。

孩子就读的学校是首都行政圈内新开发城市的普通中学，和首尔重点中学根本无法比较，而且孩子的成绩在班里也只处于中等水平。我不知道就目前这个成绩，怎样为孩子制订未来的发展方向。还好，因为周围的高中都只是普通高中，所以升学倒也没什么问题，但这并不能解决什么问题啊。那些高中既不是特殊教育高中，也不是外语高中，在那种普通高中再努力学习也是很难考上首尔大学的。

当然，我们也考虑过学习之外的其他发展道路。我曾听说职业高中开始受到社会的关注，也跟孩子提过这事，可他根本听不进去。不过，说实话，孩子其实也没什么过人的才能。

两年来，他的成绩不进不退，一直保持中等水平，他又属于那种“高不可攀的树，望都不要望”的耽于安逸的性格。我在想，他是不是就把自己定位在中等水平了呢？孩子上初一的时候，我为了帮助他提高学习成绩，也作过不少努力。可那些努力只是增加了两人间的争吵与矛盾，丝毫也没起什么作用。现在，我也受够了，不想再和他斗气。只要他不像以前那样淘气，我就睁一只眼闭一只眼，不再管了。不过，孩子身上真的有很多地方让我不满意，生活上也是一样。

人们都说“要为孩子种植梦想”。我想，父母要让孩子拥有梦想，是因为梦想会成为他的动力。如果孩子只有梦想却不努力，那么这种梦想有什么意义呢？但我又不能因为孩子不懂事而弃之不管。

不过，要为这样的孩子指导未来的发展方向，真是让我无从下手。我到底应该怎么办？请帮帮我吧。

金善恩　人事主管　一位初中三年级男孩的妈妈

读懂孩子心

孩子为考公务员牺牲了大好青春年华

不久前的一个周末，我在电视上看到了《KBS 特别节目》制作的韩国 20 岁青年现实生活纪录片。节目中有一位曾在 IT 企业工作数年，后来感觉没有发展前途而辞职，目前在鹭梁津备战公务员考试的年轻人。主持人这样问道：

“如果有一天你通过了考试，给你的妈妈打电话说‘妈妈，我考上了’，那会是什么样的心情呢？”

一脸正直善良的年轻人这样回答：我只是想一想，都有一种想哭的感觉。”

另一个案例的主人公是一对 30 多岁的网络服装店的情侣。当初，他们各自准备了 500 万韩元，以 1 000 万韩元为启动资金，做起了服装生意。可因为生意不景气，他们连一间办公室都租不起，只好将办公室搬到了只有一室的家里。他们说真不想让乡下父母为他们担忧，虽然现实很无奈，但这是他们最佳的选择。

我看着这些年轻人如此认真地对待生活，可现实却总是不尽如人意，心里不免隐隐作痛。在他们身上，我看到了现在在读初、高中孩子的未来。也许 5 年、10 年以后，为生活如此奔波的正是现在的青春期孩子。这个想法，让我浑身打了一个冷战。

鹭梁津曾经被人们称为“高考补习班一条街”，而今却变成了公务员考试村。原本在那里埋头苦读的高考复读生，现在已被公务员报考生所替代。聚集在各地补习班一条街或考试村的公务员报考生，大部分都是大学毕业生。在过去，只有未考上大学的高中毕业生才会选择公务员考试，现在却在大学毕业生之间掀起了竞争，其中还不乏名牌大学毕业生。

那么，为什么会有如此多的大学毕业生聚集在此准备公务员考试呢？难道，他们都是为了尽忠报国吗？不，他们当中并没几个人心里真正想着“我要成为公务员，为国家做贡献”。

“公务员”只是大部分年轻人面对残酷的现实与茫然的未来，无奈之下作出的第二个选择。他们原本以为只要自己努力学习，考上名牌大学，就能找到不错的工作，享受滋润的生活，保证稳定的未来。没想到，那只是父母年轻时代的状况。当时，只要大学毕业，就能轻松找到工作，而且还有退休保障，根本不存在公司清理整顿或内部结构调整等不稳定因素。

但现在的经济环境发生了天翻地覆的变化。想必，大家在新闻播报中都听说过“无聘用成长”。这句话的意思是企业不必再像过去那样聘请新人力，也依然可以经营与发展。一句话，公司没必要聘请新员工。同时，企业也没理由继续留用所有原有的人力资源，所以经常会出现清理整顿或结构调整等情况。

当前20多岁的年轻人，就是在这样的经济环境下步入社会的。他们虽然被称为“韩国历史上硬件最强的新一代”，但手里的毕业证早已变成了一张废纸。那么，他们执意要报考公务员的真正意图到底是什么呢？是他们认为只有国家才有实力雇用如此多的人为自己服务。

更令人担忧的是，这些问题在短时间内不会有任何改变。当前20多岁年轻人经历的问题，很有可能在若干年后同样降临在现在还是青春期孩子的人身上。我真心希望我们的孩子不要像现在的年轻人那样，因执著于公务员考试而虚度青春。我希望他们能做自己喜欢的事情，并通过工作解决温饱问题并能享受人生。我相信，这也是每一位父母的愿望吧。也许正因如此，父母们总是督促孩子学习、学习再学习。不过，仅仅通过学习，孩子也无法战胜即将面临的险峻人生。

那么，我们现在到底应该做什么呢？为孩子创造更多的学习机会？还是干脆选择其他的发展道路？为了孩子的未来，父母现在到底应该做什么呢？

成绩远比梦想重要吗？

现在，我给大家讲一个有关牛奶的笑话吧。有一个孩子出生后，妈妈希望他长大后成为像爱因斯坦那样的伟人，就每天喂他喝“爱因斯坦牛奶”；孩子上了小学，妈妈希望他能考上首尔大学，就开始让他喝“首尔牛奶”；孩子上了初中，妈妈降低了期望值，想着能考上延世大学也好，就换“延世牛奶”给他喝；孩子上了高中，妈妈希望他至少能进2号线周边的大学吧，就让他改喝“建国牛奶”；而当孩子高三时，妈妈唯一的希望就是他能健康成长，就给他喝“天天”牛奶。

当然，这只是一个小笑话。但这个故事却反映了一个残酷现实：相比所学专业，人们更重视毕业院校。即使现在，父母们关心的依然是孩子考上哪所大学，就职于哪家公司，而非他学习什么专业与从事什么工作。也正因如此，他们根本不在考虑“适合孩子的”或“孩子喜欢的”等因素。在这个用成绩评价孩子的社会里，个人的喜好已变得无足轻重。在韩国这个只有大学毕业，而且是名牌大学毕业才能得到社会认可的国度里，成绩永远都比梦想重要。

那么，孩子不了解这种现实情况吗？并非如此。直到小学毕业，孩子心里还是充满着五彩缤纷的梦想的。如果有人问道：“长大了，你想当什么？”孩子都会大声回答。比如，“妈妈，等我长大了，要做帅气十足的服装设计师。”而这个梦想过了一段时间可能会变成歌手、医生等。反正，他觉得哪一行业的人神奇潇洒，就想做哪一行，而且充满自信。不过，等孩子长大升入初中后，这种自信感就渐渐消失了。想当医生？无论你要考哪所大学的医科系，数学和科学成绩都必须要排前几名。小时候天真地梦想着长大当医生的孩子，随着年龄的增长，就会悄悄地丢掉了自己的梦想。

韩国的现状是“唯有成绩才是通往梦想的通行证”。在首尔，孩子的成绩必须处于上等，才有希望考入首尔的大学。那些成绩不好的孩子，将会四处碰壁，什么梦想也无法实现。因此对孩子而言，梦想之路更多的是苦涩，而非甜蜜。通常，孩子都是从这时开始失去自信的。于是，大部分青春期孩子非常不喜欢大人问自己“你的梦想是什么？”如果有人问，也会不耐烦地回答“没有！”他们知道梦想未来已没有任何意义。

说到这里，也许人们会认为孩子学习成绩优异，父母就没有什么可担忧的了，其实也不尽然。即使成绩好，在奔向梦想的路途中还是有很多不可预测的变数。中等生的父母更是进退两难，他们不清楚自己应该投入更多的时间与物力，帮助孩子考取名牌大学，还是按目前的成绩，为他制订未来发展方向。而差等生的父母则根本无从下手，只好抱着“好成绩并不代表成功人生”这一信念，期望着孩子能够健康、快乐地生活。

如前所述，大学毕业证并不能保障孩子稳定的未来。但在现实生活中却依然不可忽视名牌大学毕业证所具有的效力。因此，父母们只能一再强求孩子努力学习。而事实上，强求孩子努力学习的父母也好，努力学习的孩子也好，心里对未来都没有足够的信心。即使将孩子的时间与努力、父母的金钱与精力全部倾注，也依然不见充满希望的未来，眼前依旧一片暗淡。父母与孩子都只是犹豫不决地、尴尬无比地观察着周围的反应，跟着潮流走。

了解到妈妈们在现实生活中遇到的苦恼，我自己也作了一番思考：到底什么样的解决方法才最切合实际、最有效果。妈妈们认为，那些教育顾问等专家说得好像很有道理，但实际上并不能解决问题。从那一刻起，我改变了自己的思路，不再提充满理想的建议，而是切合实际的忠告，同时自己也更加深入地思考。

其实，在当前社会里升学竞争如此激烈，只因它将关系到孩子未来的发展方向。未来发展方向的指导可以从两个方面入手：教育学观点与现实性观点。这本书旨在重点解决青春期孩子父母的现实性问题，所以我想从现实性观点着手，为大家提供有效的解决方案，而不是教育性或道义性观点。

专家为你解忧

解决方案 1：通过亲子间真诚深入的交谈找到未来发展方向

解决孩子的未来发展方向问题之所以如此困难，主要因为以下两点：一是这是有关未来的问题；二是问题的当事人是孩子，而不是父母。也就是说，如果孩子不积极关注自己的未来发展，父母单方面再怎么努力，也解决不了根本问题。

那么父母应该怎么做，孩子才会对自己的未来进行认真的思考，并积极努力去实现自己的梦想呢？

最核心的解决对策就是让孩子明白自己到底是一个什么样的人。为了弄清自己到底是一个什么样的人，孩子就要思考自己喜欢什么、擅长什么、讨厌什么、不擅长什么等。通过这些具体思考的过程，孩子会渐渐了解自己、发现自己，继而自发地思考：自己未来应做什么样的人，或想成为什么样的人。

不过，孩子自己是很难完成如此复杂的过程的，需要父母积极的参与和帮助。父母要与孩子耐心而持久地谈话，以引导他寻找真正的自我。要知道，探索孩子未来发展方向所需的最重要的信息就出自这里。可很多父母都误以为这些信息在外界。于是，他们经常将从著名培训学校的宣传册或某著名讲师的演讲中获得的信息套用在孩子的身上。其实，这是父母将自认为或他人认为的美好未来强加在孩子身上。殊不知，这只会妨碍他积极思考自己的未来。

从现在起，父母千万要记住，孩子的未来其实就在他的内心深处。父母要做的事情就是帮助他挖掘沉睡在内心深处的种子，让它发芽、生长。哪怕那颗种子并不合父母的心意，也一定要理解与认可。千万不可按自己的意愿，换成父母喜欢的种子，要帮助孩子让他自己那颗种子发芽、开花、结果。

那么，应如何展开话题呢？交谈的核心就是专注于孩子的“现在”。

“你最近对哪些最感兴趣？”

“最近，觉得什么最有意思？”

“最近，感觉最开心的事情是什么？”

也就是说，父母要针对孩子目前思考与关注的内容提问。而实际上，大人们经常直接问孩子有关未来的问题，比如“长大了，你要做什么样的人？”请想一想，孩子现在对自己还不是很了解，怎么可能知道自己的未来呢？父母这样问孩子，只会让他随口作答或干脆拒绝回答。

当然，我完全理解父母急切的心理，但这种直接问孩子有关未来问题的提问方式，只会让交谈无法继续下去。父母要耐心地与孩子交谈有关现在的问题，并逐渐延伸到未来。

另一个要点就是从孩子的回答中找出下一个提问。比如，孩子看过《变形金刚》后，说对机器人非常感兴趣。这时，父母即使对那部电影不是很了解，也要专注于他所回答的主题。当然，如果父母了解电影的内容，也可根据电影中的某一具体情节提问。在此需强调一点的是，对孩子感兴趣的内容，父母不能只说一句“噢，是吗，看来应该很有意思啊”就结束谈话。这时，要借此话题积极引导孩子扩大思考范围，比如问他“如果现实生活中也有那种变形机器人，就太有意思了。你说，目前的机器人技术能制作出那种变形机器人吗？”如果孩子不是很了解，回答不上来，可以建议他上网搜索或通过其他方式了解相关内容，过后再告诉父母。请父母耐心而专注地倾听孩子的回答，并继续抛出引导他扩展思维的问题吧。

不过，与孩子谈论这样的事情，其实真的很不容易。大多数孩子都不太喜欢与父母认真地交谈，他们首先想到的就是逃脱。但这事千万不能耽搁。请记住，这是为迎接孩子更加灿烂的未来必须经历的一个过程。

一天，两天，三天……哪怕需要一个月，父母都要坚持不懈地在这方面与孩子交谈。这件事情比考试成绩重要得多，但遗憾的是大部分父母并未意识到这一点。于是，当孩子逃避、谈话时精力不集中，父母就选择妥协与放弃。比如，当父母试图与孩子交谈时，有些机灵的孩子就会说“我要复习功课”“我要写作业”。而这时父母马上就会妥协，以至谈话迟迟没有进展。

曾撰写《高效能人士的七个习惯》的著名管理顾问史蒂芬·柯维，说过这样一段话：

“请先做最重要的事情。我们要将自己的思维模式从优先考虑紧急的事情，转变为优先考虑重要的事情。”

现在，我们也一起思考一下。一直以来，孩子的考试比什么都紧急。那么，我们现在从事情的重要性重新思考一下。提高孩子考试成绩与制订孩子未来发展方向，哪一个更重要呢？

解决方案 2：不要职场，要施展梦想的舞台

联合国秘书长潘基文，从小就梦想着当外交官。而他的父母与其他众多普通父母一样，希望学习优异的长子能成为医生。不过，潘秘书长的外交官之梦丝毫没有动摇。他不顾父母的反对，坚持奔跑在通往梦想的道路上。他通过自己坚持不懈的努力，考上梦寐以求的外交系，并顺利通过外交官考试，成了外交官。多年后，他终于登上外交官领域的巅峰——联合国秘书长。潘基文秘书长是执著于自己的梦想，最终将自己引向成功的最典型的例子。

被人们称为“蚂蚁博士”的世界动物行为学家崔在天教授，则是一个相反的例子。他幼年时期的梦想是成为诗人，从未想过自己会成为科学家。小时候，他确实非常喜欢大自然与动物，但那都是为了通过观察大自然，写出更多美丽的诗文。而他的长官父亲却希望他能成为医生或法官，光宗耀祖。善良的崔教授遵从了父母的意见，申请报考医科大学，

结果落榜。后来，在一次偶然的机会，他涉足了从未想过的一个领域——动物学科。

不过，在动物系学习的崔教授也一直在彷徨，不知道自己真正想做的到底是什么。后来，与美国生物学巨匠的一次交谈，让他重新审视了自己所从事工作的真正价值，并坚定了在动物学领域大展宏图的决心。

潘秘书长与崔教授的人生历程，似乎并没有共同点，却都在告诉我们，重要的应该是“职业”，而不是“职场”。同时，要具有通过那份工作做有意义的事情的使命感。请想一想，潘秘书长的梦想是外交官这个“职务”，还是外交官要做的这份“工作”呢？我想，潘基文秘书长的梦想之所以坚定不动摇，是因为他感受到了在世界大舞台上展开外交事务的魅力。

我们的孩子之所以梦想漂浮不定，根本不为之付出努力，是因为他们不懂得那份工作的真正内涵，只是一味地追求表面光辉。比如，那些长大想成为医生的孩子当中，有很多并不懂得照顾患者、医治患者的工作魅力所在。他们追求的只是医生这个职业的高收入、高地位。也就是说，孩子确立自己的梦想，不是因为喜欢工作本身，而是因为人们对那份工作给予了很高的评价。前面案例中梦想成为“管理顾问”的孩子，就是一个典型的例子。当然，仅凭多年坚持同一梦想这一点，孩子还是值得表扬的，但他根本不懂顾问要做的工作是什么，对那份工作也不感兴趣，只因表面上看起来潇洒，就将它当作自己的梦想。这样的孩子，很难期望他能为自己的梦想积极努力。

现在很多孩子都特别消沉。有时，尽管心里有某种渺茫的梦想，但遇到大学这个关卡时，就悄悄选择了放弃。这些都是因为父母将“成功”与“大学”联系起来的缘故。父母们经常这样教育孩子，“要有这样的决心，才算真正拥有梦想”。

难道，梦想未来真的需要有决心与意志吗？孩子被某种工作的魅力所折服，无论遇到什么困难，都坚持不懈地为之努力奋斗，这不就是实现梦想的过程吗？

解决方案 3：让孩子根据现实调整梦想的战略

在学生时代，我经常利用假期去乡下看望爷爷。爷爷一生都与农田打交道，即使年过七旬，还依然坚持每天下地劳作，风雨无阻。甚至身体不适的时候，爷爷也丝毫没有怠慢那些农作物。

有一天，我实在不忍看爷爷带病辛苦劳作，就劝说："爷爷，今天就休息一天吧。"结果，爷爷断然拒绝：

"不行，如果今天不把这些农活干完，到了秋天就收不到粮食了！"

爷爷心里只认准两点：一是秋收的具体结果；二是为了秋收，今天必须工作。

很多孩子的梦想尽管伟大，但却并不为之付出努力，那是因为他们心里没有梦想的结果的具体画面。他们不懂得为了实现梦想要经历哪些过程，不懂得现在自己应作哪些准备。也就是说，缺乏"学习与未来确信度"。所谓"学习与未来确信度"，是指"将现在的学习与自己的未来目标联系起来的态度"。"学习与未来确信度"较高的孩子都能勾画一幅自己梦想中未来的具体画面。这样的孩子心里清楚，为了实现梦想，他现在应该做哪些准备，并付出足够的努力，当然也包括学习。

不过，大部分孩子考虑不到这些，很少有孩子将自己的梦想与现在的学习联系起来。也就是说，他们不知道为了实现梦想，自己现在应付出哪些努力。于是，就出现了"我长大后要做作家，所以不用学习数学""我长大要当演员，现在不用学习"等认识。

对那些"学习与未来确信度"较低的孩子，我建议让他针对自己的人生制订一个"长期路线图"。但每当我提出这样的建议时，很多父母的反应都非常冷淡。他们说："听起来很有道理，但这对孩子改变实际的生活态度丝毫没有帮助。"

其实，这并不是因为长期路线图有问题，而是使用方法不正确。但是，这确实是一条非常有效的解决方案。

如前所述，很多父母就未来发展问题与孩子进行交谈时，如果遇到

“当务之急”，总会作出让步。这是绝对不行的，父母要非常执著地将与孩子的谈话进行到底。请看下面的例子。

我与一个想“自己创业”的初一男生，进行了下面的谈话：

“嗯，很好，那么启动资金你想怎么解决呢？”

孩子说“要引进投资。”于是，我又问了下一个问题。

“那你说，那些投资者都给哪些人进行投资呢？”

“嗯……不会骗钱的人，不会把钱赔光的人，拥有先进技术的人，也就是能做出一番事业的人吧。”

“很好，哪些人能做出一番事业呢？”

孩子想了半天，这样回答。

“在三星、苹果、谷歌等世界著名企业工作的人。”

“嗯……，怎样才能进那些企业呢？”

“首先要把英语学好，而且口才也要好吧。”

谈话进行到这个程度，就已经获得了很大的成功。起码孩子已经明白了，如果想长大以后创业，就要从现在开始努力学习英语。

通过这种谈话方式，让孩子自己领悟“为了未来，现在应该做哪些准备”，也就是要制订长期路线图。为此，就要向他提出将未来与现在连接起来的核心问题。

不过，也有长期路线图使用不当的情况。比如，当孩子说自己长大想创业时，父母反问孩子“你想做什么事业？”“你知道自己创业有多难吗？”这些问话听起来不是要求对方答复，而是在嘲弄对方。孩子现在怎么可能知道自己今后要做什么事业？怎么会明白创业有多困难呢？

这时，父母要围绕“创业”所必要的因素，向孩子提出问题。比如事业方向会因人因时而异，但资金却是创业所必要的因素。因此，父母可以就创业资金向孩子提问题。请看下面的例子。

“我长大了要自己创业，不一定非要大学毕业。”

“嗯……计划不错，那么启动资金你想怎么解决呢？”

“启动资金？”

“对呀，凡是自己创业，都需要有一定的运转资金的。你想过怎么解决这个问题吗？”

当父母如此提问时，大部分孩子都会感到慌张。因为他们看到的只是那些事业成功者风光的画面，并不了解背后的辛酸与努力。于是，他们会讲一些极其离谱的话。

“那，爸爸妈妈借给我，不行吗？”

“这个就有点儿困难了，爸爸、妈妈攒钱可是为了养老的。我们不想自己老了以后成为你的负担，而靠自己生活是需要钱的。你长大以后，能照顾爸爸、妈妈一直到老吗？”

“等我赚大钱了再还给他们，不就可以了吗？”

“嗯……你说，如果你向别人借公司启动资金的时候这么说，他们能借钱给你吗？”

“……不会借吧。”

“对呀，用一个不确定的结果去借钱是不可以的。还有，不要想着依靠爸爸、妈妈。买彩票或去银行贷款也是不可行的，你要想出一个除此以外的其他资金解决方案。”

当父母如此具体地讲明不可行的理由时，孩子可能会很泄气。所以，这个时候要为他留出思考的时间，并引导他扩展思维。

“准备事业资金并不是一件容易的事情。你这两天好好想一想，整理出来。然后，再与爸妈一起讨论吧。”

这时，孩子就会对“准备事业资金”进行认真的思考了。他会用自己不成熟的思维，整理出打工赚钱、卖甜饼赚钱等种种方案。

当孩子将这些内容整理并交上来时，千万不可批评或嘲笑孩子。这个时候要告诉他，实施那些方案所需的最低金额。然后，让他计算一下打工或卖甜饼需要多长时间，才能备齐事业资金。通常谈到这个阶段时，大部分孩子都会说还是先进工资待遇较高的公司工作攒钱吧。最终，他明白了创业并不是想做就能做的。其实，在谈话的过程中，父母也许会感觉很难过，因为孩子的回答可能过于缥缈，不着边际。

不过，有这种想法的孩子是比较积极的孩子。“妈妈，我要写作业，没有时间想那些事情。”这样冷冰冰地拒绝谈话的孩子才是最危险的孩子。这样的孩子父母很难驾驭，需要咨询教育专家，寻求帮助。

解决方案 4：不否定，也不要放任不管，而要支持和帮助

对任何人而言，未来是不透明、不确定的。我们之所以去努力、去准备，只是为了让自己不确定的未来变得稍稍明朗一些。但如果一个人根本不关心自己的未来，心中没有希望，只是一味努力，也许永远只会原地踏步。

父母在计划孩子未来时，需注意两点：一是不要强求孩子走向父母希望的未来，尽管父母们都说是为了孩子，但那只不过是父母的“替代性快乐”；二是绝对不可袖手旁观孩子的未来问题。路是自己走出来的，父母不可能代替他走过人生。如何度过一生，完全在于孩子自己。但青春期是孩子为自己的未来做准备的阶段，在此期间，他迫切需要来自周围的帮助。父母要做的事情就是帮助、鼓励，让他认真作好迎接未来的准备。

而父母们通常都是强迫孩子，说“你就按我说的做就可以了”。如果强迫行不通，就干脆弃之不管，说“这是你的人生，你自己看着走吧”。

有一个生长在小岛上的少年，梦想游过大海，去大陆看看。如果你是那个少年的父母，面对孩子的梦想，会采取什么样的态度呢？也许会批评孩子“你游不过去的，别费力气了”，并建议他去做其他的事情。或者即使不反对，也只是在旁观，说“你真想那么做，就自己看着办吧”。如果父母认可孩子的梦想，一起探讨漂洋过海的方法，帮助他练习游泳，结果会怎么样呢？答案不言自明。所以，不要否定，也不要旁观，要积极支持与鼓励他。这才是父母对待孩子未来的最可取的态度。

第16章

才能平平，未来的路怎么走？

妈妈口述烦心事

“我就没发现他身上有什么突出的才能”

在2010年温哥华冬季奥运会上，金妍儿摘得了花样滑冰女单金牌。那天我正好约朋友一起见面，几个人围坐在一起观看了颁奖典礼。韩国一直被称为“花样滑冰的不毛之地”，而今天却诞生了如此优秀的世界顶级选手。同为韩国人，我既感到骄傲，又感觉开心。我望着屏幕上的金妍儿，不禁脱口而出：“好漂亮啊！”“真让人骄傲！”“真的了不起啊！”朋友们也你一句我一句地赞叹。大家说着说着，自然地谈到了各自的孩子。

“如果我家孩子和金妍儿一样有才能就好了，我肯定会全力支持的。”

“哎哟，我都不指望那些。哪怕孩子有一项擅长的，我也就高枕无忧了。唉，金妍儿妈妈该有多高兴啊。”

“我家孩子也在学滑冰。不过我想，如果达不到那个程度，就干脆不要学了。只靠那半斤八两的才能去碰运气，弄不好会耽误他。”

聊着聊着，不知从何时起，大家都在说孩子的缺点。想到自己的孩子与金妍儿年龄相差无几，却什么才能也没有，几个人心里不免有些黯淡。

我知道，拿孩子与金妍儿那样的世界明星作比较，确实说不过去。不过，凡是父母都会希望自己的孩子能成为那种伟大的人物吧。可是，在孩子身上相对突出的才能都找不到，做父母的心里当然很难过了。我的孩子差在哪儿呢？我也一直很努力培养她，为什么她就没有那些才能呢？如果没有什么才能，哪怕学习成绩优异也行，不过……唉，当时，我觉得自己的孩子格外不争气，格外让我担忧。

都说上帝是公平的，他为每个人都赋予了一种天赋。为什么唯独我的孩子就没有那种天赋呢？是我没有发现，还是孩子属于大器晚成型，以后才会崭露头角？我真是心急如焚。哪怕孩子拥有一项小小的才能，我也会全力以赴培养，可怎样才能找到孩子的才能呢？

韩凤英　瑜伽教练　一位初中一年级女孩的妈妈

读懂孩子心

难道孩子真的一无是处吗？

想必大多数韩国父母都将孩子与金妍儿作过比较，或是跟别人谈论，或是自己心里暗想。比如，“如果我的孩子有才能，我肯定会全力支持。可惜啊，孩子好像没什么才能。”每当听到父母们如此叹息，我都会这样问他们：

“当初谁都不知道金妍儿会成为世界顶级选手。如果你是金妍儿的妈妈，当初你会让孩子学习滑冰吗？”

每当这时，大部分父母都会回答说：“只要孩子确实有这方面的才能，当然要培养了。”而有几位父母则回答：“说实话，我也不太清楚。”我认为，说“只要孩子有才能，肯定会好好培养”的父母肯定在撒谎。那都是因为他们目睹了金妍儿的成功，才会如此回答。不要只羡慕胜利光环下的金妍儿的父母，请体会一下送年幼的金妍儿学滑冰时父母的心情吧。

下面举个例子。有一个孩子滑冰滑得真的很不错，教练连连夸奖他很有潜力，而且孩子自己也非常想朝这方面发展。

这种情况下，父母保证会全力支持孩子吗？只怕忧虑远胜过自信。孩子虽有才能，但没有人能保证他未来的成功。当初在韩国，花样滑冰运动项目不仅不受人重视，而且国家也不提供赞助，是一项投资非常大的运动项目。如果想把孩子培养为花样滑冰选手，绝对需要父母经济上、精神上的支持。

在未来没有保证的情况下，有几位父母能将孩子的未来与当下所作的努力作为赌注，为培养孩子的才能投资呢？对于不可预知的未来，我想大多数父母都不会冒险。

很多父母都哀叹自己的孩子没有才能。不过，即使他有才能，也很少有父母愿意倾家荡产好好培养，因为他们对未来都没有自信。于是，大多数父母都放弃培养孩子的不够明朗的才能，选择比较有保障的学习。而那些支持并培养孩子才能的父母也没什么区别，他们大多都为了孩子将来报考艺术、体育类大学时占点优势。

乍一看，父母的这种想法与判断比较现实、合理。但这种所谓合理的判断，很可能将孩子的才能扼杀在萌芽状态中。如果金妍儿的父母当初作了这样的判断，那么她能有今天如此辉煌的成就吗？或者，金妍儿是因为具备了那种大获成功的才能，才有今天的成功的吗？当然不是。如果没有父母支持、鼓励、培养，也许人们就看不到今天的金妍儿了。

对才能的定义，父母存在误区

如果问青春期孩子，“你有什么才能？”答案出奇地一致。

“我没有什么才能。”

如果问父母，“你认为孩子的才能是什么？”得到的答复也一样。

“孩子如果有什么才能，那我就不用操心了。我家孩子简直太平凡了。”

这次，我换了一种提问方式。

“你觉得自己擅长什么？不一定是特别的。只要自己认为做得好，或经常受到别人夸奖的，都可以。”

孩子挠了挠头，小心地回答说：

“嗯……，我觉得我的笔记做得比别人好，老师经常表扬我。”

“我也不太清楚，不过同学们都说我折纸和包装很漂亮。他们经常来找我，让我帮他们包装礼物。”

这时问父母相同的问题，他们通常会回答：

“孩子擅长的？哪有什么擅长的。”

父母到底为什么要对自己的孩子如此吝啬地评价呢？难道，我们的孩子真的没有一点儿才能或擅长的东西吗？

不，只是因为父母对才能有着某种偏见。他们认为只有像美术、音乐、体育等特定领域内受到人们认可的能力，而且是成功率极高的能力，才算得上才能。比如，像小提琴手张永主或大提琴演奏者张汉娜一样，受到国外著名教授的认可并被选拔的能力，才算才能。其实，他们都是世上少有的天才。如果只有这些天才具有的能力才算才能的话，那么世上有几人具有才能呢？正因为存在这种认识的误区，父母才会如此吝啬地评价自己的孩子。

也正因为如此，父母根本不去重视孩子一点一滴的优点或长处。比如，孩子擅长折纸、讲话或整理东西，人们不说孩子有才能，而是说他很灵巧；孩子擅长讲话，人们会夸他嘴巧。那么，“巧”与“才能”的区别到底是什么呢？首先，从“与生俱来的才干与能力”这一点来看，两者本质是相同的。但人们认为唯有天才般了不起的能力才是“才能”，所谓“巧”只不过比他人做得稍稍好一些罢了。

而“巧”事之所以得不到人们的认可，是因为它是我们日常生活中极其普遍的琐碎小事。比如，孩子讲话条理清晰，非常风趣，人们只会评价他幽默，而不是具有“语言才能”。因为人人都会说话，他只是比别人说得好一些罢了，说他幽默，已经是很高的评价了。有的父母甚至会说孩子“话可真多”。其实，这些都是父母不重视语言才能的表现。

实际上，学习也是一种才能。如果想学习好，那么理解能力、背诵能力和分析能力都要出众。不过，由于与其他艺术类才能不同，学习才能可以通过后天的努力提高，人们并不认为其属于才能。父母们都希望自己的孩子有学习才能，对其他方面的才能根本不感兴趣。即使他具有某种才能，只要不是父母认可的方向，父母就会视而不见，一厢情愿地认为，只靠此种才能很难成就成功的人生。于是，父母更多的是要求孩子培养其他方面的才能，尤其是学习才能，而不是认可、培养他现有的才能。父母认为唯有“学习好”，才是最硬的道理。

那么，韩国当今著名主持人金济东，是因为从小学习好才成为著名主持人的吗？不是，而是因为他讲话条理清晰，而且讲话内容能为人们带来感动与快乐的缘故。如果当年他的父母不训练他说话的能力，能有今天的金济东吗？他之所以获得成功，是因为他忠实于自己的才能，同时也有家人的支持与鼓励。

才能并不需要多宏大，也不局限于某些特定的领域。所谓“才能”，就是自己比他人做得更好的特征。这种才能即使再琐碎，但只要好好培养，最终就会成为大优点与生存武器。当然，这样的优点与武器越多越好。因此，一个人无论通过何种方法，只要充分发挥了自己的才能，那么肯定能获得成功。如果有哪位父母依然觉得自己的孩子没有才能，也没有特长，那肯定是走入了认识的误区。因此，父母首先要打破对才能的偏见，然后用全新的角度重新审视孩子，相信一定能够发现他身上至今未曾发现的惊人才能。

专家为你解忧

解决方案 1：坚信孩子身上一定有成就成功人生的才能

不久前，我去一个历史遗址旅行，途中向一个高中生男孩问路。那个男孩说自己正好也是去同一个方向，便热心地为我引路。一路上，他还热情地为我讲解遗址的由来与特征。听着孩子的讲解，我心里不禁惊讶，这么年幼的学生竟拥有如此丰富的韩国文化遗产知识。而他那待人细心、亲切的态度，更让我感叹不已，以至我非常想拜访孩子的父母。我真想当面告诉他们，亲切地关怀他人的品性与态度正是这个孩子最大的才能与优点。按以往的经验，这种才能是那些需要接待众多客人的服务行业成功人士所必备的品质。

如前所述，才能不仅限于学习或艺术、体育类方面的特长。在遗址见到的那个男生“亲切”的态度也是才能。我们要打破对才能的偏见，用“一切皆有可能”的心态观察自己的孩子。同时，心里要有一个坚定的信念，即相信我们的孩子也有才能。如果心中没有这种信念，当你在孩子身上找不到才能时，会轻易地断定他“没有才能”。但如果坚信孩子有才能，那么即使找不到，也会认为自己只是还没有发现而已。因此，只要我们用心去发现，定会找到孩子身上闪亮的才能。

不过，即使用这样的心态去观察，也有可能一时什么也找不到。诸如“孩子的手也不巧，嘴也不巧”之类，父母看到的尽是孩子的缺点。但请记住，并不是只有看得到的才是才能。如同“亲切”也是一种才能一样，孩子的性格或秉性都是一种才能。

若想找出孩子的才能，首先要改变父母的心态。才能不可能凭空而降，之所以看不到，是因为我们没有发现。请记住，父母积极的鼓励，对孩子而言是一大动力。“你这个方面做得不错，那个方面也很有才气嘛。”父母这种充满欣赏与感叹的态度，会让孩子信心倍增。

当父母发生这些变化时，曾经以为自己一无是处而垂头丧气的孩子，也会渐渐找到自己的强项与自信。孩子将获得表现自己潜在的、尚未发现的能力的力量。也就是说，让埋在泥下的才能渐渐发芽。

另外，让孩子主动去问家人、老师、同学等周围的人，他到底擅长什么，也是一个不错的方法。所谓“旁观者清”，一个人的优点或缺点，他人可能比本人看得更清楚。利用一周左右的时间收集答案后，若有两个以上相同的答案，那么这个答案很可能就是孩子的才能。不过，即使没有发现才能，也没关系。因为孩子在这一周左右的时间里，听着周边人对自己的夸奖，会变得特别自信。有些优点可能是孩子自己都不知道，或认为是不重要的事情。所以当人们夸奖他的时候，孩子会想“噢，原来我是这么了不起的孩子”。总之，孩子要懂得爱自己，积极向上，才会变得更加自信。

当然，也有孩子羞于回答自己的优点。尤其是不自信的孩子，会强烈拒绝这样的活动。这时也不必勉强他，可以让他写出 15 件自认为比别人做得好的事情。不过，因为孩子与父母一样，也对才能持有严重的偏见，所以事先一定要向他说明，并不只有在特定领域崭露头角的能力才算才能。

即使如此，可能有些孩子还是不适应评估自己的优点。这时，就由父母直接告诉他就可以了。

“妈妈觉得你很会收拾东西，衣服脱下来后总是能挂上去，书桌上也总是整整齐齐，找东西特别方便。这些方面妈妈都觉得不如你呢。”

另外，当孩子说出自己的优点来时，父母一定要认可并表扬他。千万不可不冷不热地对他讲：“这也不算什么优点啊！”请记住，那些优点都是孩子自认为自己比别人做得好的事情，如果父母对此泼冷水，会让他感觉非常尴尬，也非常失望。因此，即使有些优点看上去极其幼稚、让人失望，也要认可并称赞他。只有这样，孩子才会更加自信，更加积极地探索。

解决方案 2：从孩子最喜欢的事中寻找才能

有一种方法可以更容易、准确地找出孩子的才能，那就是找出他喜欢做的事情。通常，人们都喜欢做与自己才能相关的事情。即使开始的时候做得不够好，但是因为喜欢而不断去做，就会做得越来越好。久而久之，喜欢做的事情中一定会有擅长的事情。

和前面一样，让孩子将自己喜欢做的事情写在纸上吧。这时，千万不要限制范围，要让他自由地写下来。请看下面的例子：

睡觉、与朋友聊天、购物、看电影、养小狗、唱歌、骑自行车、写信、向朋友推荐自己喜欢的事物、思考……

表 16-1　帮助孩子发现才能的提问

1. 至今为止，自己最擅长的事情是什么？
2. 最自信的科目是什么？
3. 选择那个科目的理由是什么？
4. 不仅自己喜欢，同时也得到别人夸奖的行为是什么？
5. 虽然朋友们觉得无聊，但自己很感兴趣，而且自信会做得很好的事情是什么？

表 16-2　帮助孩子探索兴趣的提问

1. 做什么事情的时候，感觉最快乐、最幸福？
2. 做什么事情的时候，最容易集中精神？
3. 喜欢的科目是什么？
4. 不知不觉间，经常提到的话题是哪个领域？
5. 不用别人提醒，自己主动去做的事情是什么？
6. 是和别人一起做的时候，觉得开心？还是自己做的时候，觉得开心？
7. 如果有假期，最想做的事情是什么？

与写“擅长的”事情不同，孩子会很愿意写“喜欢的”事情，而且会觉得很开心。因为让他写自己“擅长的”事情，他总要经过一番思考，但如果写“喜欢的”事情，情况就不同了，他会自然地敞开心扉。

当孩子把自己写下来的内容拿给父母看时，父母的态度是非常重要的。

父母也许会不知不觉的叹气，忍不住想指责孩子“就你这样的孩子，学习好才怪呢”。因为那些内容不是和玩有关的，就是和吃有关的。记住，此时千万不可发火或唠叨，因为这只是一个过程，而非结果。

孩子在写自己喜欢的事情的过程中，会感觉很开心，同时也可以认真评估自己。尤其对于那些很少认真思考自己现在与未来的孩子而言，这样的活动会很新鲜、很刺激。因此，即使上面写的大部分是与电视、电脑游戏为主的娱乐性条款，父母也千万不要指责孩子。如果他喜欢看电视，就问他喜欢看哪些节目，为什么喜欢看那些节目等具体的内容，为他创造再一次思考的机会。

现在，父母要做的就是与孩子一起，将“喜欢的”事情与“擅长的”事情比较。这时，会发现有些事情孩子喜欢做，但做得不够好，而有些事情孩子做得比别人好，却不感兴趣。父母要从中选出孩子既“喜欢”又“擅长”的事情，因为那件事情很可能就是他的才能。人们认为擅长的事情只要稍加努力，就会做得更好。所以，想当然地认为在“喜欢的”与“擅长的”事情中，开发“擅长的”事情的能力更加有效。不过，如果对某件事情没有足够的兴趣与热情，是很难坚持做下去的。所以，如果让孩子做那些他擅长而不感兴趣的事情，那么他在这方面的能力只会提高一点后就停滞不前了。

所谓“才能”，就是天生能力与后天努力的结合体。没有持久的训练，天长日久，天生的才能也会退化。所以一个人不仅要有天赋，同时也要有足够的兴趣进行持久艰苦的训练，才能获得成功。金妍儿之所以能够坚持无聊而艰苦的滑冰训练，都是因为她非常喜爱滑冰这项运动；金济东之所以被誉为“韩国金话筒”，不是因为渴望金钱与名誉，而是因为他喜欢站在大众面前谈话并引起人们的共鸣。

解决方案 3：坚信“一定能够将孩子培养成材”

每当有父母向我咨询孩子的教育问题时，我都会劝说他们自己先去实践一下。也就是说，父母在要求孩子改进之前，自己先去实践一下，然后再向他说明。只有这样，父母才能理解孩子的难处。尤其是让孩子寻找擅长的与感兴趣的事情之前，父母一定要先亲自实践一下。通过实践，父母可以理解，当孩子写下自己的兴趣与才能时，是需要有多么大的勇气。另外，此项活动会成为父母关心孩子并让他拥有自信的契机。

出于职业的原因，我在演讲或咨询的过程中，经常见到许多父母。我发现大多数父母的脸上写满了疲惫与烦躁，浑身上下散发着担忧、无奈与无助。这也难怪，他们都是因孩子的学习成绩苦恼了很长时间，无奈之下才来寻求咨询帮助的。那么在这种情况下，父母还有余力关心自己或对自己充满自信吗？只怕未必。父母的自信不仅影响自己，还会影响孩子。天天生活在一起，父母的心理状态会一一传递给孩子。大家都知道家庭氛围有多么重要，唯有家庭氛围温馨、和睦，孩子的性格才会随和、开朗。而这样的孩子大部分都成绩优异。如果家里吵得不得安宁，孩子的性格也会出现问题，成绩单当然也会出现连锁反应了。

因此，若想成功培养出自信快乐的孩子，父母首先要坚强起来。父母的坚强则来自自信。那么自信又来自哪里呢？“我很自信！”难道这样大喊一声，自信就会凭空而降吗？当然不会。自信是在确认自己“擅长的”事情的过程中产生的。而写下自己的兴趣与才能，就是最容易确认自己“擅长的”事情的作业。

不过，这件事情真正做起来并不容易。与孩子一样，父母也很少认真地审视自己，因此可能坐在那里，几乎无从落笔。“喜欢的”还好说，但要写下“擅长的”却不知如何是好。父母不确定自己是否真的擅长某方面的事情，同时也会因自己没多少擅长的事情而感到自卑与失望，从而也切身地感受到要求孩子写下 15 条“擅长的”内容时，其内心的茫然与失措。不过，当父母勉强写满 15 条后，也会倍感自豪。“原来我擅长的事情也很多嘛”“原来，我也能做好这些啊”，通过这样一个确认自己“喜欢的”和“擅长的”事情的过程，父母会重新认识自己，喜欢自己。这些点滴的感受积累在一起，会让自己充满自信。

关爱自己以及以此为基础的自信，不仅对于孩子，对大人也非常重要。尤其对于养育孩子的父母而言，自信是比金钱更加宝贵的教育资本。内心充满自信的人，待人宽容、和善，不会为生活中的琐事生气、发火，心态也积极向上。现在，请让我们一起反思一下。迄今为止，父母为孩子的教育问题而伤心难过，因他做错事而大发雷霆，对其才能作出吝啬评价，是因为孩子有问题，还是因为父母的心态出现了问题呢？

当然，孩子现在很不成熟，身上有很多有待改进的地方。不过，将这样的孩子培养为社会有用人才，不正是我们父母所要担负的责任与义务吗？仅从这一点看，孩子身上诸多问题不是父母生气、担忧的理由。我认为父母之所以生气、发火，是因为自己没有自信将孩子培养成才。是因为自己不够坚强，所以总在埋怨、指责孩子。其实，说不定真正感到疲惫不堪的不是父母，而是孩子。都说幸福的父母养育幸福的孩子，父母要努力让自己变得幸福，这样孩子才会变得幸福。而父母幸福的源泉就是父母爱自己，对自己充满自信。从现在起，重新提笔，回顾一下曾被遗忘的自己吧，和孩子一起开始恢复自信的探索之旅吧。

第17章

将孩子的偶像当作理想的引路人

妈妈口述烦心事

“怎么看他都不是那块料”

我孩子从5岁开始学钢琴。倒不是因为他有什么特别的天赋，只是因为大家都送孩子去学，我也就抱着尝试一下的心理，让他学钢琴。没想到，孩子很喜欢弹钢琴，而且练得也非常认真，从没怨言。就这样，一晃他就小学毕业了。虽然孩子弹琴技艺不是非常出众，但想到他又多了一个特长，我也非常欣慰。

孩子上了初中以后，我想到今后他要把更多的精力投入到学习上，就和他商量停了钢琴课。没想到，到了初二暑假，孩子突然说自己要成为作曲家。没错，自升入初中以来，他一直积极参加学校的各项文体活动，经常担任合唱团指挥或伴奏。不过，那不是因为孩子的才能有多么突出，只是因为他比较爱表现自己。而我觉得让孩子多参加活动也没什么坏处，就没有阻拦。

突然有一天，孩子说自己想学架子鼓。我问他为什么突然有这样的想法，他说要和几个好朋友组成一个乐队，而他负责作曲和架子鼓。我说你都没学过作曲，怎么可以呢？他慷慨激昂地向我举出各种例子，说美国那些说唱艺人和黑人歌手中，有很多都没有接受过正规的作曲培训，也照样出了名。他还说正规教育反而会抹杀人的创意。他兴奋地说了半天，最后告诉我，他决定以后从事与音乐有关的工作。

当时，我真的发懵了。平心而论，按孩子目前的实力，做专业音乐人还远远不够。如果他真的有那种实力，当初钢琴课也不会中途停下来。我冷静了一下，继续问他，“为什么会作出这样的决定？”他说，朋友们听到他作的曲子，感动得都掉泪了。他还说，朋友们直夸他是天才，邀请他一起玩音乐。听到这里，我不由得吸了一口气。他那么自信，我还暗喜是不是得到了音乐老师或哪位著名作曲家的高度评价呢。原来只是朋友一句表扬，他就激动得到处炫耀……

原以为过一段时间，孩子就会忘记这件事了，没想到事情越来越严重。他对学习根本不管不顾，一天到晚只知道听音乐，还不断在纸上划来划去，忙着所谓的作曲。我实在忍无可忍，劝他以学习为主。结果他冲我大喊大叫，说我是扼杀他梦想的妈妈。

听到这些话，我心里还真有些担心：我这个音乐盲妈妈，是不是真是孩子的绊脚石呢。说心里话，我当然希望他能在自己喜欢的音乐道路上获得成功。但我怎么看他都不是那块料，总觉得他是被朋友夸得昏了头。老师，我不知道自己应该怎么办才好，是应该劝阻孩子，还是等一段时间再说呢？

朴信英　出纳员　一位初二男孩的妈妈

读懂孩子心

与偶像的接触过程，是宝贵的学习经验

电视剧《男生女生向前走》和《贤内助之王》的导演金敏植先生，演讲时非常鼓舞人心，因此经常有电视剧导演实习生邀请他为大家演讲，

或提出采访要求，其中以初、高中生居多。而金敏植先生除非有特殊的事情实在走不开，通常都会答应这些要求。他说，对孩子而言，能够鼓起勇气来见自己，本身就是一次很好的体验与学习。

如果想采访某个人，首先要了解他所从事的工作。孩子可以通过这个过程更具体地了解那项工作，并认真思考。而金敏植先生更加重视的则是勇气。大部分孩子都只是通过网络了解，而有个别的孩子却亲自登门拜访。孩子四处打听并拨通电话号码，绝对需要勇气。金敏植先生认为鼓起勇气将想法转变成行动，对孩子而言是很好的锻炼。而实际上，每次结束采访后，孩子总会留下这样一句话：

“其实，我一直很犹豫。不过现在，我认为自己鼓起勇气来拜访您，是一个非常明智的选择。”

也有一些父母，听孩子说要去见偶像时，会极力阻止。因为孩子心中的偶像不符合父母的心意。父母担心他见到那个人后，会更加执著于那件事。其实，这些都只是杞人忧天。

有段时间，林遥焕对于喜欢玩游戏的初、高中男生而言，就像神一样。有些孩子甚至为了观看林遥焕的比赛而去首尔。作为父母，只怕难以理解孩子的这种热情，心里充满了担忧。当时，我认识的一个孩子也一直梦想着做林遥焕第二，认真地奔波于各大赛场。对于这个孩子而言，学习永远都排在游戏后面。不过，突然有一天，他开始努力学习了。好奇之余，我问了其中的原因。

结果，孩子说他见过几次林遥焕，明白了星际争霸职业选手是一个高难度的职业，若想成为星际争霸职业选手，就需要认真地学习与训练，不能只是一味地追求乐趣。原来，他终于醒悟，不应该整天沉迷于游戏，而要向自己的偶像学习，努力奋斗。

这样一来，从前期准备到双方面谈等与偶像见面的整个过程都会对孩子有极大的帮助。所以，作为父母不要一味反对孩子与偶像见面，而要努力帮助孩子达成这个愿望，让他从中获益。

通过偶像学习如何实现理想

如果孩子心中有憧憬的人物或想要效仿的偶像，情况又会如何呢？提到偶像，人们通常会把他想得极其伟大，认为唯有像史蒂夫·乔布斯或安哲秀（韩国企业家、计算机病毒专家、政治家。2011年开始投入政界，曾被视为2012年韩国总统选举热门候选人。——译者注）那样伟大的人物才可以称之为偶像。当然，这些人物可以看作偶像的典型。但对于青春期孩子而言，需要的是更加现实与具体的人物。尤其在决定自己未来的理想职业时，孩子有没有偶像或有什么样的偶像，结果会千差万别。

所谓“偶像”，不是指喜欢的人或羡慕的人，而是指自己“想要仿效的模范”。他们的人生是孩子梦想着的，对孩子而言，他们既是生活的前辈，又是人生的航标。通过他们的人生，孩子看到了自己的未来，并从中学习现在应如何生活。因此，将什么样的人作为自己的偶像，将决定孩子走向目标的方法。

近来，有很多志向远大、想做广告人的年轻人都将李济锡先生当作自己的偶像。他被称为“广告天才”，是世界顶级人物。承载着李济锡先生信息的公益广告，得到了全世界人民的好评与关注，并在世界屈指可数的国际广告节中被选为获奖作品。但青年朋友们之所以将他作为自己的偶像，并不是因为他举世瞩目的成功，而是因为他具有战胜困难与逆境的坚强意志。

毕业于一所地方普通大学的李济锡先生，从大学一年级开始就积极参加由著名广告策划公司主办的“大学生广告征集展”，但一直未得到好评。大学毕业以后，他向各家广告策划公司投递过简历，却没有一家向他抛出橄榄枝。如果换作别人，只怕早已哀叹自己怀才不遇的命运，一边抱怨社会，一边另谋出路了。但他并没有气馁，而是选择了去纽约留学。之后，在不到两年的时间里，李济锡横扫广告界各大奖项，摘得纽约展最优秀奖、克里奥国际广告奖铜奖、ADDY奖金奖等29枚奖牌，创下了征集展的神话。

李济锡先生曾在世界最著名的广告代理公司做过艺术总监，目前经营着自己的广告研究所。他的成功不仅仅是他一个人的，也为众多因学历低下、才能不足而失望的年轻人带去了希望与勇气。

我认识的一个孩子也将李济锡先生当作自己的偶像。这个孩子从小就在父母的建议下学习美术。虽然他的才华不够出众，但考虑到总比通过学习文化课考大学来得容易，就选择了这条路。而孩子本人对美术始终没有表现出太多的热情。父母觉得不可继续这样袖手旁观，就带着他观赏各种美术展览，以激发他的兴趣。一次偶然的机会，孩子看到了李济锡先生的广告展览会，并大受鼓舞。

于是，父母又为孩子准备了李济锡先生的作品、书、相关报导等资料。读过这些资料后，孩子对美术的态度有了 180 度的转变。因为他明白了美术不是单纯地画画，而是一种表达自己的思维与想象力的好手段。

就这样，由于偶像的作用，可以让孩子那远在天边的梦想变得“一切皆有可能”，甚至还可以为他带来新的梦想。

对于那些连渺茫的理想都没有的孩子，偶像起着什么作用呢？父母们最大的担忧就是孩子对未来没有方向、没有想法。即使逼问他长大后想做什么，他们也坚决闭口不答。

难道父母如此逼问孩子，他的梦想就会自动产生吗？难道父母举医生、律师等具体例子，强求孩子“这就是你的梦想”，他的梦想就会自动产生吗？当然不会，梦想是强求不得的。当孩子心里有了想要仿效的人，憧憬着自己也要过那样的人生时，他心里就有梦想了。

如果父母心里有一个“他”，希望孩子长大能成为像“他”那样的人，那么请积极将“他”介绍给孩子吧。父母可以与孩子一起观看有关“他”的书籍、报导、采访节目等，并就此与孩子展开交谈。通过接触，孩子渐渐会对“他”产生好感或憧憬，进而会对“他”所从事的工作产生兴趣或好奇心。这时，父母要帮助孩子将这份好奇心转变为未来的梦想。

无论父母怎样强求或唠叨都丝毫不动摇的孩子，自从有了偶像后，整个人完全变了。你是不是感觉奇怪呢？其实，那是因为偶像不会强求孩子一定要有梦想。他们只是将自己的梦想以及自己为实现梦想而奋斗的人生展现在孩子面前而已。他们告诉孩子，自己是多么热爱自己的工作，又是如何珍惜眼前的每一分钟。孩子看到偶像充满传奇的人生轨迹时，会备受鼓舞。同时，看着他们充实、快乐的人生，不由得产生想要仿效的心理。

专家为你解忧

解决方案 1：确立孩子的偶像人选

每次为父母们演讲，我都会强调为孩子找一个偶像是最迅速、最有效的教育方法。而大部分父母也非常赞同，也清楚孩子为什么需要有偶像，它会给孩子带来哪些好处。但每次父母们也都会问我同样的问题：

“老师，怎么样才能确定谁是孩子的偶像呢？即使找到了，那些知名的大人物怎么会同意与一个小孩子见面呢？”

通常，提出这样问题的人都认为偶像是指那些成功人士或著名人士。当然，这些人士当中不乏可以作为社会楷模的人物。而他们被选为偶像的最主要的原因是，其相关信息经常被大众媒体宣传，大众可以通过媒介进一步了解他们。实际上，可以作为偶像的对象不仅限于著名人士，还可以扩大到更大的领域。子曰：“三人行，必有我师焉。”其实，我们周围有很多“想要仿效的人”“可成为模范的人”。

另一方面，偶像不一定非要从职业或工作中寻找。从生活理念、思维方式、价值观等精神层面也都可以找到偶像。现在，请回忆一下周围的朋友们。其中肯定会有“这一点值得我学习”的朋友吧，那么他就可以成为在某个方面“值得自己学习”的偶像。此外，偶像也不仅限于现实中的人物。书、电视剧、电影中的人物也都可以成为偶像。比如，当年电视剧《沙漏》大获成功时，很多见习检察官都以剧中主人公“姜宇锡检察官”作为自己的偶像。总之，偶像不必限定于某一个人或某个特殊的领域，可在各方面树立多个偶像。父母一定要为孩子仔细说明，以防他对偶像作出狭隘的定义。

解决方案 2：与孩子一起寻找与偶像或行业专家见面的机会

我在为孩子未来发展方向提供有关咨询时，经常会遇到类似前面案例的情况。在父母看来，孩子所说的理想职业总显得有些不着边际。其实，这是因为孩子对特定的领域缺乏具体的了解。只要表面上看起来潇洒，或大家都说某个工作好，他就以此作为自己的理想职业。

于是，父母们对孩子的理想职业总是持怀疑的态度。如果孩子的志向不是父母认可的领域，尤其是艺术界或艺人，父母就会不顾孩子的才能与热情，单方面予以否决。因为在父母看来，孩子还未具备在那些领域崭露头角的才华。

其实，退一步说，即使事实果真如此，父母也不应断然否定而告诫孩子不要做白日梦，因为这会打击他好不容易建立起来的自信心。而另一方面，父母有时会心存侥幸心理，认为尽管孩子目前在某一领域没有出色的表现，但如果他坚持走下去，将来或许会获得成功。于是，他们就会变得非常矛盾，不知是应该极力反对，还是积极支持。特别像前面案例中的孩子一样，将学习抛诸脑后，一心追梦。通常，父母很难劝阻这样的孩子。

这时，父母最好为孩子创造与专家接触的机会，以确认梦想实现的可能性。父母可以帮他引荐，也可以建议他亲自登门拜访。据说，某位音乐剧演员在与希望成为音乐剧演员的孩子见面时，说过以下一段话：

> 如果你们觉得连续几年年薪只赚 100 万韩元也可以，那就做吧；即使面试失败数十遍、数百遍，你们也有足够的毅力坚持下去的话，那就做吧。也许没有人会理解你们，也许一分钱的收

入都没有。如果你们没有足够的热情，不是十分喜欢唱歌、表演与舞台，那么这条道路是坚持不下去的。你们想好了吗？

通常，孩子都是主观而冲动地决定自己的未来发展方向。因此，听到专家的忠告后，他会重新思考自己是否具备了在该领域发展的才能，也会了解如果想成为这方面的人才，需具备哪些资质，还会检验自己是否充满自信与热情，在遇到常人难以忍受的艰辛与困难时也能坚持下去。

经过如此仔细思考之后，孩子也能作出正确的选择。如果当初他只是因为讨厌学习才作出这样的选择，那么这时的想法就会有所改变。因为他明白了自己将要选择的道路比学习还要艰难。不过，也有的孩子越听越充满热情。这些孩子会改变原来“学习无用”的错误想法，从此为了实现自己的梦想而变得努力学习。

我也曾劝前面案例中的妈妈，让她安排孩子与专家见面。据说，孩子与专家见面后，想法大有改变。他切身感受到了不可凭一时冲动决定自己的未来发展方向。他不再像从前那样洋洋得意，也承认按自己目前的水平很难得到更好的发展。当然，孩子会觉得非常失落。不过，值得庆幸的是，他明白了读书的重要性。原来想方设法都不能让他改变初衷的孩子，听到专家的建议后开始专注于学习了。

那么为什么孩子不听父母的劝告，却能接受专家的建议呢？理由很简单，因为他们是专家，是从事此行业的人。在孩子听来，父母的反对一点说服力也没有。他会认为父母既不了解那个行业，也无法客观评价他的能力。孩子有时还会误会，父母之所以反对自己的梦想，不是因为有合理的根据，而是因为不合父母心意。

相反，由于专家特别了解那个行业，孩子相信他可以对自己作出客观、中肯的评价。也就是说，孩子相信专家的建议是以其过往的经验与具体行业信息为基础的。所以，他会认真倾听专家的建议并采纳它。这样一来，孩子仅仅与自己向往的职业或工作相关的专家见面，就会发生巨大的变化。

孩子在寻找与自己未来的理想职业或与梦想相关的偶像时，可以从该领域的佼佼者中寻找。如前所述，成功人士的信息大多被公开，所以比较容易接近。不过这也有一个弊病，与他们很难面对面交谈，孩子很难得到他们实质性的帮助。

这时，如果安排孩子与未来理想职业相关专业的大学生或教授见面，将会得到实质性帮助。大学生可以为孩子提供学校目前所学内容及毕业后的发展方向等信息。同时，还会告诉孩子，他当初选择该专业的目的是什么、目前正做着哪些准备、当年准备考入相关专业时的学习方法和经验等。

然后，和孩子一起拜访相关专业的教授。一提到拜访教授，很多父母可能都觉得有难度，不知应何时、如何拜访。其实，教授办公室的联系电话和电子邮件等信息在学校网页上都已公布，只要细心搜索就很容易找到。而且即使没有熟人引荐，只要事先通过电话或电子邮件说明拜访理由，大部分教授还是非常愿意抽出时间的。如果他实在没有时间，也会介绍同一科室里的博士或硕士与孩子见面。

如果学校里没有与孩子未来理想职业相关的学科，那么安排孩子与在职工作人员见面也是一个不错的方法。他们可以跟孩子讲述工作中的艰辛、进退两难时的抉择、工作中获得的成就感、工作的价值、未来发展趋势等，这些内容会帮助孩子将模糊的想法具体化。人们都说理想与现实是完全不同的。青春期孩子原本没有太多的现实感，可能对未来的理想职业也只是茫然憧憬或快乐想象。而在职人员的实际经验可能会对他泼冷水，但同时也可能会让他对梦想更加坚定。

那么，应该去哪里寻找这样的人呢？其实，不必想得过于复杂，可以先从自己朋友圈中寻找。如果没有认识的朋友，也可以通过朋友介绍，扩大寻找范围。“六度理论”表明，最多通过6个人你就能够认识任何一个陌生人。而今，论坛、微博等社交网站发展迅速，因此只要有坚定的意志，总能找到想找的那个人。

如果父母不了解与孩子未来理想职业相关的学科或职业种类，可登录与职业相关的网站查询。在这些网站可查到与职业相关的学科以及从事该职业的专家们的详细信息。父母可以提前浏览，然后筛选出孩子可能会感兴趣的信息。父母只要稍稍关注，就能轻松帮助孩子找到偶像。

解决方案 3：与偶像见面前，整理一份调查问卷

提起与偶像见面，孩子很容易认为只是打声招呼、签个名而已。所以，在见面之前，请提醒他思考一下，见到偶像时想问什么、想说什么。如果允许进行 30 分钟左右的谈话，可以让他整理一份调查问卷。

制作问卷时，不要即兴列表，要通过对偶像的调查，一条一条地整理出来。这就如同电台记者对某一嘉宾采访时，事先都要做一番调查一样，我们也要以调查内容为基础提问。如果孩子以前未做过类似调查，也可以通过网络了解一下偶像的最新动向以及查阅电台采访节目或他在舆论媒体发表过的文章。

当然，也没必要按事先准备好的问卷顺序逐一提问。在交谈的过程中，也可以根据对方的讲话，即兴抛出一些问题，有时甚至连交谈的主题都可能完全改变。不过，要让孩子明白，与某人见面时，事先作类似的准备是最基本的生活礼节，也是必须要做的事情。如果那个人出版过书籍，事先阅读他编写的一本书，也是一种礼节。

对于孩子而言，与自己平时憧憬的人物见面、拍照、交谈，只怕没有比这个更好的礼物了。如果将一起拍下的照片或偶像赠予的“鼓励的信息”放在相框里挂在墙上，那么每当他想偷懒或动摇时，它就会成为鞭策的力量。

事先调查、制作问卷、阅读书籍、相约见面、珍藏记忆等整个过程，对孩子而言，既是一个难得的学习经历，又是一次美好的回忆。所以，请父母积极帮助他，让他通过与偶像的见面，更加认真地思考自己的梦想与人生。

表 17-1　与偶像见面前需准备的调查问卷

人生典范现状	1. 对目前的职业满意吗？ 2. 具体从事什么工作？ 3. 想要胜任这份工作，应具备什么样的爱好和特长？ 4. 工作中，感觉最幸福、最有意义的瞬间是什么时候？ 5. 工作中，最困难的时候是什么时候？是如何应对的？ 6. 你认为一个人最重要的价值是什么？
实现梦想过程	7. 初次拥有这种梦想的契机是什么？ 8. 有没有偶像？如果有，那么受到他什么影响？ 9. 大学专业是如何选定的？ 10. 迄今为止，都经历了哪些曲折的过程？ 11. 有没有动摇过对职业的信念？当时是如何应对的？
未来规划	12. 为了明天更大的发展，作过哪些努力？ 13. 希望自己在人们心里是什么样子？
人生箴言	14. 对抱有同一理想的后辈们想说的话？ 15. 在这一领域成功必备的能力与资质？
自我塑造	16. 我现在应该准备什么？ 17. 从偶像身上应学到哪些人生态度？ 18. 为实现梦想，一定要培养哪些好习惯？

短信查询正版图书及中奖办法

A．电话查询

1．揭开防伪标签获取密码，用手机或座机拨打4006708315；

2．听到语音提示后，输入标识物上的18位密码；

3．语言提示：您所购买的产品是深圳市中资海派文化传播有限公司出品的正版图书。

B．手机短信查询方法（移动收费0.2元/次，联通收费0.3元/次）

1．揭开防伪标签，露出标签下18位密码，输入标识物上的18位密码，确认发送；

2．发送至13825050315，得到版权信息。

C．互联网查询方法

1．揭开防伪标签，露出标签下18位密码；

2．登录www.801315.com；

3．进入“查询服务”“防伪标查询”；

4．输入18位密码，得到版权信息。

中奖者请将18位密码以及中奖人姓名、身份证号码、电话、收件人地址和邮编E-mail至szmiss@126.com，或传真至0755-25970309。

一等奖：168.00元人民币（现金）；
二等奖：图书一册；
三等奖：本公司图书6折优惠邮购资格。
再次谢谢您惠顾本公司产品。本活动解释权归本公司所有。

读者服务信箱

感谢的话

谢谢您购买本书！顺便提醒您如何使用ihappy书系：

- 全书先看一遍，对全书的内容留下概念 。
- 再看第二遍，用寻宝的方式，选择您关心的章节仔细地阅读，将“法宝”谨记于心。
- 将书中的方法与您现有的工作、生活作比较，再融合您的经验，理出您最适用的方法。
- 新方法的导入使用要有决心，事先做好计划及准备。
- 经常查阅本书，并与您的生活、工作相结合，自然有机会成为一个“成功者”。

<table>
<tr><td rowspan="9">优惠订购</td><td colspan="2">订阅人</td><td></td><td>部门</td><td></td><td>单位名称</td><td colspan="2"></td></tr>
<tr><td colspan="2">地址</td><td colspan="6"></td></tr>
<tr><td colspan="2">电话</td><td colspan="3"></td><td>传真</td><td colspan="2"></td></tr>
<tr><td colspan="2">电子邮箱</td><td></td><td>公司网址</td><td></td><td>邮编</td><td></td><td></td></tr>
<tr><td>订购书目</td><td colspan="7"></td></tr>
<tr><td rowspan="2">付款方式</td><td>邮局汇款</td><td colspan="6">中资海派商务管理(深圳)有限公司
中国深圳银湖路中国脑库A栋四楼　　邮编：518029</td></tr>
<tr><td>银行电汇或转账</td><td colspan="6">户　名：中资海派商务管理(深圳)有限公司
开户行：招行深圳科苑支行
账　号：81 5781 4257 1000 1
交行太平洋卡户名：桂林　　卡号：6014 2836 3110 4770 8</td></tr>
<tr><td>附注</td><td colspan="7">1. 请将订阅单连同汇款单影印件传真或邮寄，以凭办理。
2. 订阅单请用正楷填写清楚，以便以最快方式送达。
3. 咨询热线：0755-25970306转158、168　传　真：0755-25970309
E-mail: szmiss@126.com</td></tr>
</table>

→利用本订购单订购一律享受9折特价优惠。

→团购30本以上8.5折优惠。